一開口就讓人微笑

瞬間改善人際關係的「好感交談法」

吳秀香—著　黃莞婷—譯

오수향

웃으면서 할 말 다하는 사람들의 비밀

致讀者

不要吵架，溫柔一點，「是啊，笑著說～什麼都可以。」

「我有很多話想說，但我不知道怎麼開口。」

「因為擔心對方不高興，很多時候我會選擇沉默，直接轉身離開。」

「就算心裡有想要的，卻往往無法表達，直接結束了對話。」

很多人因為溝通而感到困擾。畢竟無論是在日常生活或工作場合，言語都占有相當大的比重。同樣的話語會根據場合與心情的不同，而有不同的表達方式，有時我會因為對方語氣的細微差異而瞬間火冒三丈，而有時我不經意說出的話會造成他人不同程度的傷害。

想一想，如果你非常清楚別人對你抱有何種期望，那麼你有辦法當著對方的面說「No」嗎？特別是面對上司時呢？在上司與下屬、委託人和承包商、父母與子女等明顯的上下階級關係中，要坦承表達自己的想法就更加困難了。在這樣的情況下，可能會導致我們心口不一，說出與本意相悖的話，造成人際關係的不和諧。

「每句話都不能掉以輕心。」

有人抱怨每次說話都感到提心吊膽，這絕非誇張之詞，而是許多人的真實感受。

然而，如果你仔細觀察周圍，你會發現有些人並不受這些溝通障礙的困擾。他們總是能夠帶著微笑，流利地表達自己的想法，並能獲得自己想要的東西，同時維持著良好的人際關係。這些人看似不因溝通而感到煩惱，也不對人際關係感到擔憂。這是為什麼呢？是與生俱來的能力？還是外向的人都能如此？

我很好奇他們有什麼秘密。我一年裡進行了兩百多場講座、心理諮商、電視節目拍攝，遇到了各行各業的人，包括講師、銷售員、自由工作者、電視主持人、企業家、上班族、家庭主婦和年輕人，最終，我發現最有效的對話技巧，無一例外，都是建立在心理學的基礎上。

心理學關注現實的可能性，從不誇大其詞，根基於心理學的對話技巧能夠百分百地創造出驚奇的效果。這代表你可以依據自己的真心與意圖來打動他人，而無需擔心因說話不流暢而表達不出內心想法，從而破壞圓滿的人際關係。

你可能有過這樣的經驗：在和某人交談時，不知何故被對方的話所誘導，即使如此，你卻不會產生排斥感，反而會覺得更加親近那個人。這或許是因為對方運用了以心理學為基底的對話技巧。如果與他人對話時，會讓你想起以下六個問題，你就可以將那些對話視為心理對話技巧的運用。

為什麼我會不自覺地被吸引去和那個人交談？
為什麼我很容易被那個人的話誘惑？
為什麼和那個人交談時，可以解決破裂的關係？
為什麼和那個人交談時，我會輕易地被說服並作出回應？
為什麼和那個人交談時，我會自然而然地願意付出金錢？
為什麼和那個人交談時能提高成果與效率？

如果能掌握這種心理對話技巧，使其變成你的呢？那麼你將不再因為言語溝通和人際關係感到困擾。更重要的是，由於你總是以微笑面對，順利地表達自己的想法，你的人生將一帆風順。

本書涵蓋了各種場合的心理對話技巧，包括日常生活中的對話、修復人際關係的對話、說服和應對的對話、與戀人的對話、讓對方打開錢包的對話、提高成果與效率的對話。無論如何，我希望你能將這四十三種心理對話技巧融入到生活中，無論你是話者或聽者，都能成為營造幸福對話的魔法師。

心理對話技巧專家　吳秀香

目錄

第二章 導正出錯的人際關係的心理對話技巧

第三章 用Yes結尾的心理對話技巧

第四章 擄獲異性的心理對話技巧

第五章 打開錢包的心理對話技巧

第六章 提升成果的心理對話技巧

第一章

獲得對方好感的心理對話技巧

1

「調換說話順序。」

僅三秒就吸引對方的第一印象魔法——初始效應

「為什麼選擇那個人？」

「很難具體說明，他給我的第一印象很好，既然大家的條件類似，那麼我更傾向選擇給我第一印象好的人。」

不知為何，有些人在第一次見面時會讓人感覺很不錯，並產生好感，最近流行的「面試百分百過關」指的就是擁有這種形象和風格的人。第一印象在職場生活中至為重要，其代表性例子之一就是面試。

根據某項調查，有75%的企業人資負責人表示：「招聘新職員的時候，外貌也是考慮因素之一。」在短暫的面試過程中，人資負責人透過觀察應聘者的態度、姿勢、臉部表情、整體印象與外貌決定是否錄取。更值得注意的是，85.5%的人資負責人認為：「對應聘者的第一印象會維持至面試結束。」

特別是在韓國，人們形成第一印象的時間極為短暫，相較於美國人和日本人分別需要十五秒和六秒的時間，韓國人僅需三秒便能形成第一印象。這就是所謂的三秒法則，其反映出韓國人在建立人際關係時對第一印象的重視程度。換言之，韓國人傾向用最少的努力快速地作出判斷。這在很大程度上是受到認知吝嗇者效應（Cognitive miser effect）[1]影響所致。

【編註+譯註】

1. 在心理學中，人類思想被認為是一種認知的吝嗇者。無論智力如何，人們在思考問題和解決問題的時候，更傾向於使用更為簡單或省力的方式，而非更加深思熟慮。

但是，這種良好印象並不是憑空出現的。若細心觀察的話，你會發現那些給人留下良好的第一印象的人，在妝容、髮型、服裝風格、微笑以及得體的禮節方面都下了一番功夫。這並不是說你一定要漂亮或帥氣。縱使沒有出眾的外貌，只要打造出適合自己的風格，同樣能給人留下良好印象。

也許有人會反問。

「我也在外表和風格上花了心思，為什麼還是不如人。我還能做什麼？」

有的，你還有可以做的事。你需要塑造的不僅是外在的第一印象，更重要的是交談時給人的第一印象。這可以透過初始效應（Primacy effect）來解釋。初始效應是指最先提供的資訊或印象，會比後來的資訊或印象，對記憶產生更大影響的現象。美國社會心理學家所羅門・阿希（Soloman Eliot Asch）為了檢驗初始效應，向實驗參與者提供了兩個人物A與B的特質。

A：聰明、勤勞、衝動、具批判性的、固執、好嫉妒
B：好嫉妒、固執、具批判性的、衝動、勤勞、聰明

結果會如何呢？參與者的反應令人跌破眼鏡。A和B兩人的特質完全相同，僅順序不同，但參與者卻對A的感覺普遍正面，對B則持反感態度。這是因為在A的描述中，「聰明」、「勤勞」等正面詞彙首先呈現，引發了初始效應；相反，在B的描述中，首先出現的「好嫉妒」和「固執」等負面詞彙，引發了負面的初始效應。同樣的特質，不同的順序，卻帶來了截然不同的結果！

既然如此，當我們想要給別人留下好印象時，我們應該如何介紹自己呢？

「儘管我有時有點粗線條，但我對自己在企劃與執行方面的能力充滿

信心，我正在努力改善我的不足之處。」

「很多人認為我有些粗線條，不過，我以自己的企劃能力與執行能力為傲。」

如何？雖然這兩種自我介紹只有細微的差異，但你不覺得第一種自我介紹顯得更加積極與正面嗎？初始效應因其強大而持久的影響，又被稱為水泥效應。所以，在介紹自己時，我們必須在一開始就突出展示能吸引他人的優點與魅力。謙虛固然是一種美德，但在某些場合，我們需要暫時拋開這種沒有好處的美德。

決定第一印象的三大要素是：外表、聲音與用詞。我建議你從現在開始，像重視外表的第一形象那樣，重視交談時的第一印象。

「您好，很高興見到您！」

充滿元氣的開場白。

「我實現了超過目標銷售額的120%，並達到了80%的營業利潤。」

從你做得好的事開始一段對話，有助建立正面的交談第一印象。

請記住初始效應的力量，初次見面帶來的印象將長久地持續。當你在某個商業場合和非熟人見面時，為了讓對方能深刻記住你的優點和魅力，請巧妙地施展「初始」魔法吧。

2

「如果有想要的，先伸出手吧。」

讓對方點頭的積極肢體接觸─握手效應

「想在對話中建立信任，請盡可能地多握手吧。」

這是我經常給諮詢對話技巧的人的建議。在韓國，人們傾向將對話與握手的時間視為兩種獨立的互動。因此，在和人交談的時候，人們很少主動握手。若能善用這一點，將有效促進溝通效果。

握手並不是初次見面時的禮節，如在日常中恰當運用，將會帶來顯著成效。這是什麼意思呢？請看下述案例：某位大樓管理員希望住戶配合進行垃圾分類回收。

A大樓管理員沒有和住戶們握手，直接開始對話。

「請配合進行垃圾分類回收工作，以營造本大樓舒適的居住環境。」

B大樓管理員先與住戶們握手後，再對話。

「請配合進行垃圾分類回收工作。這是為了讓我們能享受更好的居住環境。」

兩位管理員傳遞的訊息相同，但結果是否也會相同？先握手再開始對話的B管理員可能會獲得更多住戶的積極配合，而A管理員有可能得不到協助。

你是否聽過握手效應（Handshake effect）？哈佛商學院教授法蘭西絲卡・吉諾（Francesca Gino）以MBA學生為對象，進行了一項關於協商的實驗。她將學生分成房地產買家與賣家兩組，要求一組在握手後進行協商，另一組則不握手，直接進行協商。實驗結果相當有意思。握手組在利潤分配與資訊共享等方面表現出了更加公正的態度。

另外，在求職者與雇主角色扮演的實驗中，也得出了類似的結果。結果發現，握手組在協商年薪、獎金和工時等方面，表現得更為積極。

握手效應不僅可以應用到日常生活中，而且吉諾教授特別建議將其應用在子女的教育上。

「當孩子們因瑣碎的小事吵架時，與其讓他們口頭道歉，不如讓他們握手和解。這背後有著科學根據。因為握手能表達出對對方的尊重。」

近期，時常聽聞鄰居之間因為噪音問題產生矛盾，要是鄰居之間原本就疏於往來，矛盾將更嚴重。因此，最近當人們搬到新家時，經常會牽著孩子的手拿著小禮物，向左鄰右舍打招呼。這時候，如果先握手再開口，會更容易贏得對方的好感。

在職場環境，這一原則同樣適用。當上司鼓勵新員工時，與其僅進行空洞的口頭鼓勵，不如加上一次真誠的握手。同樣地，見客戶時，急於提出自己的需求會顯得有所企圖，最好先握手，展現自己不帶私心的風範後，再逐一解決問題。

美國著名音樂人吉米．亨德里克斯[2]說過：「用左手握手吧，因為那更貼近我的心。」而印度首位女總理英迪拉．甘地[3]則表示：「當你握緊拳頭時，你就無法握手。」儘管一開始嘗試握手可能會感到些許尷尬，但慢慢嘗試吧。你會發現，對方原本緊閉的心門將會在握手的瞬間敞開。

2. Jimi Hendrix（一九四二—一九七〇），美國吉他手、歌手、音樂人。被公認為是流行樂史上最重要的電吉他手，也是二十世紀最著名的音樂家之一。

3. Indira Gandhi（一九一七—一九八四），印度獨立後首任總理賈瓦哈拉爾．尼赫魯的女兒，是印度近代最著名及存有爭論的政治人物之一。

3

「那個人獲得三倍小費的訣竅是什麼？」

微笑帶來的說服力差異——微笑效應

「第一次見面卻覺得非常信任他。」

「不知道為什麼，我對他很有好感。」

「我覺得那個人不怎麼樣……」

有些人在還沒開口前就已經散發了無法抗拒的魅力，引起他人的好感，可是有些人卻做不到這一點。這兩者之間的差異是什麼？短短幾秒鐘就讓人著迷的魅力從何而來？答案就是微笑。

一個燦爛的笑容能發揮的效果遠勝千言萬語。一個美麗的微笑不僅能讓人看起來更好看，還能留下良好的第一印象。

「這不是廢話嗎？」

也許有人會這麼問。雖然這看似陳腔濫調，卻絕非廢話。因為真正能付諸實踐的人並不多。

我平時經常會遇到來自各行各業的人，很多時候我對對方一無所知，有時甚至只有短暫的時間能進行交流，所以，我總是非常注意自己的笑容。

「對於認識我的人，我盡量以真誠的微笑迎接他們，通過微笑，點亮對方的心。」

教書的時候就應該認真備課，講課時保持課堂的活力與趣味性。不過光是如此還不夠，還需要更多。能讓學生下課後感到滿意，給予正面回饋的關鍵之一就是笑容。我在教書的時候總是努力揚起嘴角，保持笑容，隨著課堂氣氛的熱絡，我的教學內容也會更容易被學生理解，自然而然地，得到了學生的正面回饋。

某次，我負責替進行報告的大學生評分，整體來說十分順利，大部分學生都做足了準備。上台報告時當然有不足之處，而且多數人都表情嚴肅。當然，這部分是因為他們緊張，但更重要的是，他們沒進行過任何微笑訓練。其中，有一位女學生引起我的注意。

那位女學生一上台就與眾不同，面帶燦爛的微笑。她的表情感染了我與其他評審，我們也忍不住露出笑容。她的報告內容充實，過程流暢，最終結果自不必多說。她拿下了第一名。

事實上，原因來自微笑效應（Smile effect），微笑能引起他人強烈的好感。科羅拉多州大學的阿吉尼斯[4]教授團隊主張，微笑能顯著提升演講的說服力。研究人員向大學生展示了兩段不同的影片：一段是某人微笑著說服他人的影片，一是某人帶著緊張神情說服他人的影片。看了前者，學生們給出了如下反應：

「這個人說的話更可信。」

「我相信他說的。」

在帝德K．L與羅卡德J．S[5]進行的實驗也證實了這一效果。他們研究了微笑對酒吧顧客點飲料行為的影響。研究中，他們將服務生分為兩組，一組在端飲料給客人時展示若有似無的微笑，而另一組則展現了露齒的燦爛笑容。除此之外，沒有其他任何交流。顧客對這兩種不同的服務反應有何差別？

等顧客離開店裡，研究團隊計算了顧客留給服務生的小費。結果有著顯著差異：露出燦爛微笑的服務員得到的小費是其他服務員的三倍左右。

倘若你有事要拜託別人，試著收起客套性的表情，以一個燦爛的笑容示人。但這並不意味著你隨時隨地都要微笑。微笑是讓人產生好感的武器，

4. 音譯。
5. 皆為音譯。

但需要視時間和場合靈活運用。試想，在葬禮上笑容滿面的人，是絕不可能獲得好感的。

微笑要真誠，也需通曉施展的技巧。不妨效法空服員的訣竅，打造能給人好感的美麗微笑如何呢？

空服員打造美麗微笑的訣竅

- 早晚照鏡子，進行面部肌肉運動。
- 把自己露出燦爛笑容的照片設為手機桌布，時時模仿。
- 把有著迷人笑容的模特兒照片貼在鏡子上，學習模特兒的笑容。
- 刻意多照鏡子，檢查自己的表情。
- 保持樂觀的心態，多練習微笑。

4

「物以類聚，必然交心？」

在不知不覺中創造你與我的連結——相似效應

「我和那位朋友默契很好，即使不說話，我們也知道彼此在想什麼。」

「你懂吧？有時候會莫名其妙對某人有好感。我就是不明所以地被他吸引了。」

有時我們第一次見面就對某人產生好感，無緣無故受到吸引，並不是因為對方外貌出眾、學歷出色、財力雄厚或聲名顯赫，通常是因為我們與他們有某些相似之處。

有些夫妻會一起來向我諮詢有效的溝通方法，讓我藉由他們的例子，幫助大家更容易理解這一點。當一對夫妻一走進諮詢室，我往往能一眼猜出他們的夫妻關係如何。如果夫妻說話的語調和風格相似，我就會很有把握地說：

「兩位看起來很恩愛，琴瑟和鳴，只需要改進一下溝通技巧就夠了。」

對方就會驚訝地問我怎麼知道的。反之，假如夫妻說話的語調和風格截然不同，我就會說：

「看來兩位的婚姻關係似乎觸礁了，我們需要從根本上改變溝通態度才能修復關係。」

這時候，對方同樣會很驚訝地問我如何得知。

難道我通靈？不，我是個普通人，我能神準地說出諮詢的夫妻關係的好壞，不是因為通靈或瞎貓碰到死耗子，而是基於相似效應（Similarity effect）所下的判斷。

我們傾向對自己相似的人產生好感。相似度越高，好感度也越高；好感度越高，相似度越高。簡而言之，「如果你喜歡某人，你們就會變得越來越像。」因此，如果一對夫妻彼此相似，他們對對方的好感度可能很高；反之，如果夫妻相差太大，兩人之間的好感度可能正在下降。

社會心理學家大衛・懷爾德（David Wilder）進行了一項實驗。在實驗中，大衛準備了兩種不同名字的徽章，讓參與者佩戴上其中一個徽章，然後分成兩組，分別進入掛有相應名字的房間。進入房間的參與者坐在隔板分隔的桌子前，不知道旁邊坐的是誰。之後，有一半的受試者收到了與自己在同一房間的人的回饋意見，而另一半的人則收到了來自不同房間的人的意見。這些意見中，明確地對某個闖了禍的職員進行責任認定與判定應受懲罰。

結果發現，受試者往往同意與自己在同一房間的人的意見。相反地，他們反對不同房間的人的意見。當同一房間的人建議應該對該職員從輕處分時，參與者通常會認同這一建議；而來自不同房間的人即使提出相同的從輕處分建議，受試者卻不會接受，甚至會要求加重懲罰。不僅如此，受試者更傾向考慮並記住同一個房間裡的人的意見，而對來自不同房間的人的意見卻並非如此。

該實驗揭示了僅僅因佩戴相同徽章和進入同一個房間的「相似性」，就能在人們心中產生好感，並影響判斷。

同樣的道理也適用於面試場合。在面試的時候，面試者和面試官的相似性越高，面試者獲得的分數可能越高，如來自同一家鄉、同一大學、相似的外貌、興趣愛好、語調、服裝風格等。

你想獲得某人的好感嗎？那麼就找到與那個人的相似點，吸引他們。眾所皆知，行銷人員更傾向和年齡、宗教信仰、家鄉或興趣愛好相似的客戶簽約。

在適當的範圍內，刻意營造出相似點是可以接受的。你可以自然地模仿對方愛用的語助詞。如果你有一個特定目標對象，那麼模仿他的服裝風格也是有效的方法之一。有研究表明，人們更容易接受與自己服裝風格相似的人提出的請求。

「去年發生車禍那段時間，我真的很難受。」

「喔，是的，您一定非常煎熬。」

「室長，我們今天的服裝風格很相似呢。」

「真的耶，怪不得今天會議進行得這麼順利。」

相似效應是在短時間內提高與他人親密度的最佳方法。請不要造成反效果，適度地發揮一下你的智慧吧。

5

「一定要用讚美結尾。」

從否定到肯定，好話必須懂訣竅才管用——讚美的近因效應

「朴代理，您總是面帶微笑，看了心情就很好。」

「金部長，今天的領帶顏色跟您的膚色非常搭配喔。」

讚美是能在瞬間將生疏的關係變得親密的話。很少有人聽到讚美會感到不悅，讚美能讓人開心，並對讚美者產生好感。然而，韓國人往往吝於讚美他人。

「要是沒有值得讚美的地方，總不能勉強讚美吧。」

「我不喜歡言不由衷。」

「一定要說出口嗎？用心感受不就好了。」

人們會用這些話合理化吝於讚美他人的行動。可是，讚美並不是對對方什麼事做得好或值得稱讚的特定行為的回應，而是一種表達愛與關心的方式。

想想我們看到健康成長的孩子，之所以會給予讚美，不正是因為他乖巧或可愛而自然而然給出的反應嗎？不一定是因為孩子做了值得稱讚的事，而是因為內心湧現了想讚美他的情緒。在其他關係中也是如此。如果你真心關心與愛護你的上司、後輩、職員、老師和學生，你不用付出額外的努力就能自然地讚美對方。

想讚美他人，首先需要出自對他人的關心和愛護。當你用滿懷愛意的眼光看待對方時，對方的優點自然會被突顯，足以掩蓋其缺點。無論是外貌、能力或品格，你一定能看見某個值得讚美的地方，具體表達就行了。

「女兒，你的鼻子很像爸爸，非常挺拔，很好看。」

「你報告的時候，中低音的嗓音很好聽。」

「民錫，你幫不方便的朋友打掃得那麼乾淨，真的很棒。」

此外，有一種方法可以使讚美的效果達到最大化。人們第一直覺會認為無條件地多加讚美就夠了，但實際情況並非如此。這是由於讚美的近因效應（Recency effect of praise），即從批評開始，以讚美結束，反而會產生好感的現象。

社會心理學家埃里奧特（Aronson,E.）和琳達（Linder,D.）[6]對八十名明尼蘇達大學的女學生進行了實驗。受試者被要求聽四次他人對自己的評價，然後評估自己對那些人的好感度。

在第一次實驗中，人們一直讚美受試者「很有教養，口才出色，給人的印象很好。」在第二次時則變成批評：「無知，口齒不清，給人的印象很不可靠。」在第三次時則始於批評，終於讚美，「儘管缺乏知識，口齒不清，但卻給人留下好印象。」在最後一次則是先讚美後批評，「雖然有教養，口才出色，但給人的印象並不好。」

這四次實驗會出現怎樣的結果？

貌似第一次的持續讚美會獲得最高的好感度，但實際上並非如此。研究顯示，從負面的指責開始轉向正面的讚美，也就是第三次的實驗產生了最高的好感度。對此，埃里奧特與琳達表示：

「反覆的讚美會讓人感到乏味，降低讚美的可信度，甚至讓人質疑讚美的真實性。如此一來，讚美的本意會消失，也許會被誤解為場面話或虛假奉承。」

而且假使讚美到一半突然轉向批評，就會不符合對方想持續獲得讚美的預期心理，使心情變差。相反，如果始於批評，終於讚美，讚美的效果將

6. 音譯。

被最大化。其原因就是上述所說的近因效應——人們會更清晰地記住後來提供的資訊。

在讚美方面，近因效應具有高應用價值。老師讚許學生的時候也最好以批評開頭，以讚美結束。這樣一來，學生對被讚美的記憶比被批評的記憶將更深刻，從而對老師產生更大的好感，甚至超過那些僅讚美的老師。

父母與子女的關係也是如此。考慮到孩子的情緒發展，父母不能一味地給予讚美，當孩子犯錯時，一定予以糾正，但最終應以讚美作結。公司上司也是如此，頻繁的指責或讚美氾濫對雙方都沒有好處。請在指出問題的同時，也找出對方做得好的地方，以讚美結束吧。

6 「你有什麼錯？錯的是電線桿！」

爭吵的原因是相互責怪——基本歸因謬誤

假設你是一名上班族，當你匆忙準備上班，要換西裝的時候卻發現襯衫沒有熨好，你會對焦急的妻子說什麼呢？人們大致會說的話可以分成兩類：

A類型：「你在家都在幹嘛？連熨襯衫這種小事都做不好？」

B類型：「最近家務事太忙了吧？有空的話，希望能熨一下我的衣服。」

你很有可能是A類型。人們在尋找他人行為原因時，每每從其性格、動機、氣質和態度等內在因素尋找，而不是考慮外在因素，如環境或巧合等。

妻子沒熨襯衫的原因可能是因為她懶惰，也可能是因為她忙於家務。不過，大部分的人傾向從行為者本身尋找原因，而不是從外在環境或特定條件。因此，經常責怪當事人，引發爭執。

這種現象是因為基本歸因謬誤（Fundamental attribution error）。基本歸因謬誤首次出現於奧地利心理學家弗里茨．海德（Fritz Heider）一九五八年的著作《人際關係心理學》（The psychology of interpersonal relations），屬於歸因理論之一，指的是人們在解釋某些行為背後原因的過程中，傾向忽略外在因素，更習慣從內在因素中尋找原因。

心理學家李．羅斯[7]、特蕾莎．阿馬比爾[8]和斯坦梅茨（Julia Steinmetz）透過問答遊戲證明了這一點。他們透過抽籤，將受試者分成為三組：提問組，回答組和觀察問答遊戲的觀察組。他們讓提問組提出問題。

隨著遊戲的進行，回答組答錯的次數逐漸增加，顯得倉皇失措，但提問組則表現得鎮定自若。觀察組則默默地注視整個過程。

遊戲結束不久後，三組人被問了相同問題：

「你認為提問組和回答組的知識水準怎樣呢？」

提問組回答道：

「我覺得回答組的知識水準和我們相差無幾。」

然而，回答組與觀察組卻給出了出人意表的答案：

「提問組的知識水準似乎遠超過我們。」

其實，這個問題設置上本身對提問組有利。提問組就像在球場上發球的一方，而回答組則相當於守門員。不過，相較這些外在因素，回答組和觀察組對誘導錯誤答案的提問組給予了更高的內在因素評價，也就是他們的知

7. Lee Ross，美國史丹佛大學心理學教授、史丹佛衝突與談判中心共同創辦人。
8. Teresa Amabile，美國學者、心理學家。

識水準。

人們遇見問題時，習慣從對方的個性或天性中尋找原因的認知結構，這也正是我們在日常生活中遇見預期之外的小問題時，容易感到焦慮的原因。

倘若現實生活中遇到這種情況，請不要急於下判斷。先深呼吸，然後，逐一檢視外在因素。例如：假使你的女朋友比約定時間晚到，不要急著說：「煩死了，你遲到成習慣了。」試著這麼說：

「發生什麼事了嗎？是不是地鐵晚了？」

假使你的男朋友因為準備就業考試而無法時常見面，不要急著抱怨：「你只考慮自己」，而是試著站在他的立場上思考，說：

「找工作的壓力一定很大吧？我能理解你的心情。」

試著這麼做一兩次吧。你將發現這看似微不足道的話，對改善關係能發揮強大的力量。

7

「對戒心強的人進行～信任溝通。」

悄無聲息地打破心牆的對話技巧—信任溝通

有些男性在職場上的領導能力出色，人際關係良好，但意外地，他們在與異性相處上顯得笨拙。有一次，在ＩＴ公司工作的Ｂ先生來找我進行諮商。

「我的朋友和同事都有女朋友，只有我沒有。我是不是哪裡有問題？」

經過交談後，我了解了他的家庭背景。他在三兄弟的家庭中長大，國中和高中都讀男校，參加過大學儲備軍官訓練團（ＲＯＴＣ）。也就是說，他幾乎沒有與女性互動的機會，因此，缺乏與異性溝通的技巧。他習慣了男性之間直接又豪放的交流方式，在和女性交談時也會表現出同樣的習慣，經常顧著說自己的，忘了傾聽對方，再加上他使用的是方言，聽上去容易像在生氣。

他需要學會體諒他人的溝通技巧。首先，他必須學會信任溝通（Rapport）。信任溝通意指建立人與人之間的相互信任關係，消除心靈的隔閡，建立彼此溝通的舒適關係。信任溝通一詞源於法語，意思是「帶來」、「參照」，在心理治療、心理諮商與心理指導中常被使用。

由於我要面對許多來談者，信任溝通是我經常運用的技巧。每位來談者都有自己的煩惱，然而要在初次見面的溝通專家面前，坦承這些煩惱並非易事。假如我不體諒來談者，而是採取高姿態或冷漠的態度，他們就更難說出心聲，想當然，也不可能進行深度的對話。

因此，在諮商的前幾分鐘，我會專注於建立信任感與親近感。當我進行信任溝通後，來談者通常會露出寬心的笑容，慢慢開始傾訴自己的煩惱。雖然我會與他們見面是因為工作關係使然，但私下建立起親密關係，能達到更好的諮商效果。

上班族B某有必要善加運用信任溝通。要想在與女性的初次見面建立良好的情感交流，首先需要建立相互信任與親近感。這種溝通方式同樣適用於不擅長與男性交流的女性。進行信任溝通的三大要點如下：

第一、傾聽對方的話。即使是無趣又瑣碎的對話，你也要和對方眼神接觸，並時而點頭表示認同。這樣，對方能確定你對他感興趣。

第二、模仿對方的行動。對方喝茶，你也一起喝；對方笑，你也跟著笑。相似的行為能使對方產生親切感。

第三、吐露自己的私事。這是最重要的。坦誠自己的私事或揭露意想不到的弱點，能降低對方的戒心，並引起好感。

當你心牆高築，與他人存在隔閡時，無論是異性或任何人，都很難對你產生好感。因此，先從打破心牆，創造親密感與親近感開始。敞開心扉就是成功的一半。

第二章

導正出錯的人際關係的心理對話技巧

1

「給你一個向我展現友善的機會。」

讓敵人站在我這邊的請求技巧──認知失調理論

班傑明・富蘭克林（Benjamin Franklin）──印在美國百元紙鈔的人物，在他擔任賓夕凡尼亞州議會的議員期間，發生過一件事。當時，他有個難纏的政治勁敵。這使他感到困擾。他在思考如何與那位政敵建立友好關係時，靈光閃現。

「俗話說，比起對自己友善的人，人們更喜歡自己對他人表現出友善。沒錯，就是這個方法！」

不久後，富蘭克林主動找上那位政敵，問道：

「我急需閱讀某本書，聽說你家有，方便借給我看嗎？」

出乎意料地，政敵爽快地出借了那本珍貴的書。

「小事一樁。你慢慢看，看完再還我。」

幾天後，富蘭克林歸還了那本書，並夾入一張寫著「謝謝」的紙條。

這件事過後許久，富蘭克林在州議會大廈巧遇那位政敵。令人驚訝的是，政敵以不同過往的友好態度向他交談。就這樣，兩人化敵為友。富蘭克林後來在自傳中寫到：

「讓你的敵人幫你一次，之後，他會更想再次幫助你。」

這被稱為富蘭克林效應（Ben Franklin effect）。也許會有人質疑，「幫了我一次之後，還會想再幫第二次？這合理嗎？」認知失調理論（Cognitive dissonance theory）能解釋其邏輯與概念。認知失調理論是用來解釋人如何透過改變自身態度或行為，緩解信念、思想、態度和行動之間不協調所導致的心理不適感。

這是一九五〇年代美國心理學家利昂・費斯廷格（Leon Festinger）於《認知失調理論》（A Theory of Cognitive Dissonance）首次提出的用語。費斯廷格對史丹佛大學的學生進行了一項實驗，他讓兩組學生做了無聊且無意義的工作之後，分別支付了一美元與二十美元後，並提出了以下要求：

「你能對下一組學生撒謊說這項工作很有趣嗎？」

收了一美元的那一組更積極地撒謊。他們身為史丹佛大學學生，自尊不容許他們說自己為了一美元做了無趣的工作。這些經歷認知失調的學生，不惜撒謊也要守住自尊。

在職場上，我們難免會遇見不合拍的人。有時是對方單方面懷有敵意，但更多時候是因為合不來而感到尷尬。每當這種時候，單純為了修復破裂的關係而努力勸說或利誘對方，無法起到任何效果。最有效的方法是，主動接近對方，並慎重地提出請求：

「我的手機突然沒電了，能借我手機嗎？」

「我家打算去露營，正巧瓦斯爐故障了，能跟你借瓦斯爐嗎？」

「我不擅長這方面的工作，方便幫我看一下嗎？二十分鐘就好。」

當你向平常合不來的人提出意外請求時，也許會化敵為友，迎來對話和解的美好時刻。

2

「為什麼道歉對某些人行得通，對某些人卻招罵？」

道歉也有公式──道歉理論

「憑什麼要我先低頭？先道歉的人就輸了！」

「不能就這樣含糊帶過，一定要說明白……」

在建立人際關係的過程中難免會遇到因意外的失誤而需要道歉的情況，但許多人並未充分意識到道歉的重要性。然而，一方是加害者，另一方是受害者，後者得到適當的道歉是必要的。假如沒有恰當的道歉，結果可想而知，不是嗎？矛盾可能會加劇，導致關係惡化或徹底絕交。

道歉是日常溝通常用的表達方法之一，其意義與效果不容小覷。實際上，道歉甚至成為了學術研究的主題和理論。麻薩諸塞大學的精神科教授亞倫・拉扎爾（Aaron Lazare）首次建立道歉學。他分析了一千多起事例，創立了道歉論（Apology theory）。

那麼，什麼是道歉？道歉就是承認自己的錯誤，並請求受害者的原諒。亞倫・拉扎爾教授以此為基礎，替道歉賦予了學術意義。他指出：「道歉不僅是認錯和寬恕，還是解決衝突的關鍵。」

他還表示，儘管道歉有時被視為懦弱的表現，但實際上，道歉需要絕大的勇氣。一個真誠的道歉需要經過「承認、自責、解釋與彌補」四階段，只有經歷這四個階段，破裂的人際關係才有可能得到修復。

有效的道歉應該包含哪些要素呢？我們可以參考美國俄亥俄州立大學管理學系教授路維奇（Roy Lewicki）的研究。他以七百五十五名受試者進行了實驗，實驗表明道歉需要具備以下六個要素，具備的要素越多，獲得對方原諒的機率就越高。

1. 表示後悔
2. 闡明錯誤所在
3. 承認自己的責任
4. 保證絕不再犯
5. 提出彌補或補救方案
6. 請求原諒

其中，最有效的是3.「承認自己的責任」。因為道歉最重要的是，真誠地認錯。效果居次的是5.。因為道歉者願意提出實質性的彌補方案。之後依次為1.、2.、4.，而效果最差的是6.。因為「請原諒我」這句話顯得有些表面，因此效果有限。

不管是故意還是無意中傷害到他人時，都必須明確地道歉。以下是一些有效的道歉方式：

- 「這件事的責任完全在我，我無從辯解。」
  ↓3. 承認自己的責任
- 「我會努力彌補你的實質損失與精神損失。」
  ↓5. 提出彌補或補救方案
- 「我真的非常後悔自己的行為。」
  ↓1. 表示後悔
- 「我會如實告訴你為什麼會發生這種狀況。」
  ↓2. 闡明錯誤所在

● 「我保證以後會注意，確保不再發生類似的事。」

↓ 4. 保證絕不再犯

● 「請原諒我這一次。」

↓ 6. 請求原諒

犯錯是人之常情。重要的是，犯錯之後採取怎樣的態度。認錯並道歉絕對不是懦夫的行為。請記住，承認自己的錯誤並承擔相應責任，才是一個成熟、勇敢的人所應採取的態度。

3 「討厭昨天吵架，今天馬上伸手求和的你」

如潤物細無聲般地和好——感覺適應效應

「我做出和解的手勢，但對方一點反應都沒有。」

「我說要好好相處，他更生氣了，說我只是有求於他才這麼說。」

在關係因不好的事情或矛盾而破裂時，恢復原狀並不容易。每當這種時候，嘗試迎合對方的話，不僅無濟於事，反而產生反效果，導致更大的誤會。為什麼會這樣？是因為對方的怒氣未能得到化解。

假如你急於和解，試圖一筆勾銷過去的矛盾而貿然行動，這經常會適得其反。期許對方能配合你的步調，改變心意，只會加劇問題。

此時需要的是時間。你應該循序漸進地接近對方，修復關係。對方在不確定是否與你和解的狀態下，可能會在某一瞬間卸下武裝，達成和解。

這可以通過感覺適應效應（Sensory Adaptation effect）來解釋。感覺適應效應意指，當持續受到同一強度的刺激時，感官的敏感度會逐漸下降，除非增強強度，否則很難察覺刺激。我們在日常生活中常會經歷這種現象。

試想去澡堂的時候吧。當你第一次把腳泡進熱水裡，會覺得水很燙，但過陣子就適應了。品嘗美食也是如此。一開始吃，會覺得香氣四溢，但時間久了就習慣了。

我曾在咖啡廳偶遇二十多年不見的高中同學。我從他的臉上感受到了歲月的痕跡，不由自主地感嘆：

「朋友，你變太多了吧。以前的你去哪裡了？」

朋友慌張地眨了幾下眼睛，答道：

「那你呢？你和我半斤八兩。」

「什麼？我怎麼了？我的體重和臉都和以前一樣。」

「你這傢伙真搞笑。看來你平常不照鏡子啊。」

那天，我犯了兩個錯。一個是無意中說了傷害高中同學感情的話，另一個是我沒有意識到自己的長相變化。雖說我平常也會照鏡子，但由於每天都看自己，感覺不到自己長相正慢慢地改變。這正是感覺適應效應的體現。微小的變化維持很長一段時間的話，我們的感官就會難以察覺。

當你試圖與某位關係破裂的人和解時，你可以靈活運用這個原理，逐步地，慢慢地表露出和解的意願與話語。例如：你和同事之間發生嚴重爭執，隔天不必急於和好，你可以藉口公司有好消息，不動聲色地接近他。

「我剛才聽到了一個好消息。」

然後，若無其事地回到自己的位置。另一種方法是，在與同事們共進午餐時，假如那位同事也在場，你可以說：

「飯還是要多點人吃才好吃。」

這次也要裝得若無其事，自然地結束話題。當你用這種方式慢慢展現出和解的意願，那位同事可能不會立刻察覺到你的和解意圖，然而，就像潤物細無聲般，正向的訊號不斷地積累，最終會促成和解的時刻。

4 「組長為什麼只會批判？」堅持眾人皆錯我獨對的理由——上帝情結

「你的想法是錯的，我的話才是對的。」
「廢話少說，照我說的做。」
「有人比我更了解這件事嗎？」

有人會用這種方式來堵住對方的話，並結束對話。這種人不會聽取別人的意見，也不會為了縮小意見分歧而努力，而是單方面批判別人的觀點，緊閉溝通之門。

意外的是，我們身邊這種人並不少見。當他們成為領導者時，會帶來嚴重的問題，使組織如動脈硬化般，血液循環不良。他們就像妨礙組織內部溝通的障礙。真好奇。他們為什麼只批判別人而不進行橫向溝通呢？是什麼使他們如此？

這可以用上帝情結（God complex）來解釋。上帝情結意指，不論一個人是否自覺，他都認為自己是優越的存在，相信自己的判斷永遠比他人正確。上帝情結最早由心理學家歐內斯特．瓊斯（Emest Jones）於其著作《應用精神分析學隨筆》（Essays in Applied Psycho-Analysis）中提出，指的是當某人認為自己如上帝一樣優越，自己的判斷無懈可擊，錯誤和缺陷必然來自他人。

夫妻之間也時常能發現上帝情結，尤其當丈夫年紀大，正所謂的「社會條件」更優越的情況下，這種情況更為常見。夫妻之間的對話通常如下：

「你懂什麼？」

「說什麼做家務……你發胖都是因為你太懶。」
「照我說的做，為什麼聽不懂人話？」
這種對話缺乏對配偶的尊重與關懷，在類似的暴力性質的言語反覆出現之下，可想而知，夫妻關係裂痕將日益加深。

公司也是如此。有些組長、管理人員、老闆會這麼對員工說話。他們一拿起麥克風，就會不可一世地訓斥人，諸如：指揮員工應該怎麼做，不應該成為怎樣的人等，總是擺出批評與訓話的姿態，絕不允許他人有發言權。

這種人通常有幾個共同點，如傲慢、瞧不起人、不容許他人批評自己等。在這樣的領導下，職員只會灰心喪志，不僅無法提出有創意性或建設性的意見，組織在不知不覺間也會變成迎合領導者的狀態。

職員無法自動自發地投入工作，時刻觀察領導者臉色，這樣的組織能夠順利運作嗎？答案顯而易見。這種組織很快就會被淘汰。

不要以為這是別人的事，你要警惕，並檢視自己是否無意中表現出此類行為。那麼，我們該如何避免陷入上帝情結呢？最好的方式就是在對話時「換位思考」。

夫妻間試著這麼對話吧。

「站在你的立場，你會那麼想，無可厚非。」

「你最近忙著做家務和帶孩子，根本沒時間運動吧？」

假使你是組長，你和組員開會時，可以試著這麼說：

「我的意見不是每次都是對的，若是有好主意，歡迎隨時分享。」

「這是我沒考慮過的，是個好主意。」

假使你是公司高層或老闆，你在禮堂演講時，可以這麼對員工說：

「我和你們一樣，會有錯誤或判斷出錯的時候，因此，我隨時敞開橫向溝通的窗口，希望各位能齊心協力，推動公司的發展。」

5

「早安，您好。」關係越糟糕，越要先打招呼──互惠原則

人際關係無千日好，溫馨和睦的關係偶爾會因為一些不愉快的事情而出現裂痕。在這種情況下，許多人會感到茫然，不知如何解開心結。到底該從何下手？

也許答案非常簡單，解決方法往往近在眼前。就是「問候」。只需如往常般打招呼就可以了。然而，一旦關係出現裂痕，人們就會這麼想：

「我們關係不好，要我怎麼打招呼？」

「我先打招呼的話會不會被瞧不起？」

還有這樣的想法。

「我年紀比較大，憑什麼我先打招呼……應該是年紀小的人先打招呼。」

「不是應該後輩先打招呼嗎？這才合理。」

即使本來想主動打招呼，也可能因為這種威權主義的思維而猶豫不決。沒有任何法律規定誰應該先打招呼。不過，一般來說，人們認為應該是下屬先打招呼。這種想法使下屬承受了壓力，使關係變得更加緊張。

首爾大學心理學教授郭錦珠（곽금주）教授指出，身為上級的人如能主動打招呼，反而會更受歡迎。

「這反映出日常生活中威權主義的橫剖面。人們被偏見束縛，認為先打招呼會讓自己變得可笑。然而，如果上級先打招呼，反而能促進積極的模仿效應。」

這就是互惠法則（The Law of reciprocality）。簡言之，就是「禮尚往來」。要是只有一方在接受，而另一方只施予的話，絕對無法建立良好的關係。地位階級並不重要，重要的是，率先釋放善意。

一九七一年，美國康乃爾大學心理學家鄧尼斯・雷根（Dennis Regan）將學生分成兩組，進行了心理實驗。他向第一組提供免費可樂，並拜託他們。

「實驗結束後，去買一張二十五分的彩券。」

他並沒有提供免費可樂給第二組，但提出了相同的請求。實驗結果顯示，收到免費可樂的第一組買彩券的人數是第二組的兩倍多。一罐可樂十分，一張彩券二十五分，即學生們願意蒙受損失，購買彩券。由此可見，微不足道的善意所具有的力量比想像的更大。

某美國宗教團體運用互惠法則，成功募集了大量捐款。他們在機場向旅客們贈送小花束，並說：

「這束花蘊含著我們的心意。」

據說，當他們隨後請求捐款時，收到的捐款比沒送花束時多了許多。

打招呼也是同樣的道理。不必太過計較年齡、階級或誰先誰後。可是，在先主動打招呼之前，你需要注意以下四點：

第一、即使對方無視你的問候，也不要放棄。

也許你會感到困惑，認為「我為什麼要做到這種地步？」、「對方不回應我的問候，我也要繼續？」，但對方的沉默並不是高傲，而是在關係破裂的情況下，對方感到不知所措，很難馬上拉下臉回應你，會想著「他為什麼跟我打招呼？」或「是我誤會了嗎？」，可是，當你持續不斷地打招呼，對方就會解開心結，開始給予回應。

第二、確保你的問候清晰明瞭。

假如因為尷尬，問候時含糊不清，則是做無用之功。只有清晰並堅定地問候，清楚地傳遞訊息，才能讓對方正確理解你的意圖。

第三、有禮貌地鞠躬吧。

單憑眼神示意是不夠的，你們現在的關係並不好，而你的目標又是修復關係，不是嗎？因此，向對方有禮貌地鞠躬是很自然的行為。一開始，對方的態度可能會模糊不清，看似接受又似不接受，但從某一天開始，對方也會彎腰還禮。

第四、臉上不要失去微笑。

沉著臉打招呼不如不打招呼。「早安」，一旦你體驗過用燦爛的微笑主動問候某人所具有的力量有多大，你會欣然接受我的建議。

在關係融洽的時候，要互相問候也不容易，當關係破裂的時候，打招呼變得更難是很正常的，不是嗎？但是，假如你們不是老死不相往來的關係，那麼你就必須努力。記住，主動打招呼是重建人際關係最簡單也最實際的方法。

6

「你沒想到會那樣？我早就知道了。」

用一句話結束關係的最糟口頭禪——後見之明偏誤

「我早知道你會闖禍。」

「幹嘛那麼驚訝？你還不清楚她什麼德性嗎？我早就料到了。」

「事情會變成這樣，實在不足為奇。」

每當有壞事發生，一定會有人跳出來說這種話，而最容易說出這些話的便是父母。在孩子的成長過程中，挫折和犯錯是不可避免的。因為這些經歷都是成長必經之路。

但是，當父母不以為然地責備孩子犯下的小錯，「我就知道你總有一天會闖禍」，這只會讓孩子感到難堪或否定了他們的價值。

許多父母認為「我最了解我的孩子，我知道他會怎麼做」，即能預測孩子的行為和可能犯下的錯誤。但這其實是一種嚴重的誤解。父母的這種誤解源自後見之明偏誤（Hindsight bias）。

後見之明偏誤是指，在得知某事的後果後，人們傾向表現出自己事先早已預見了結果，又稱為「我始終都知道」（Knew-it-all-along effect）假設。

美國心理學家巴魯克・費斯科霍夫（Baruch Fischhoff）是最早注意到這種現象的人。他曾在一場研討會上聽見一群內科醫生討論某罕見病例，所有醫生一致表示：

「我早知道這名患者會罹患糖尿病。我早就料到了。」

「我也是。從各種狀況來看，這名患者一定會出現糖尿病併發症。」

那些內科醫生對已知結果充滿了自信，沒有人承認自己未能預見這個結果。他們貌似覺得自己必須展現出先見之明，方能維持身為醫生的權威地位。然而，巴魯克．費斯科霍夫認為他們的觀點是不科學的。

「所有人都是意料之中，沒有人是意料之外。」

巴魯克．費斯科霍夫和茹絲．貝斯（Ruth Beyth）以此為契機，進行了一項實驗。時逢一九七二年美國總統尼克森訪華前夕，他們向受試者詢問尼克森訪華將帶來的影響，大多數人都持消極態度。可是，實際情況卻與他們的預測不同。尼克森與毛澤東成功舉行會晤，兩國關係開始破冰，媒體廣泛報導了這一事件。

當他們再次向同樣的受試者詢問對於該次會談的預測，大多數人卻聲稱自己原本就看好這次會談，彷彿從未持消極態度。

「我早就知道會成功。我注意到了破冰的跡象。」

透過這項實驗，巴魯克．費斯科霍夫和茹絲．貝斯發現，儘管實際上人們並未預測到結果，但事後他們傾向認為自己「早就知道」。

這種後見之明偏誤容易導致自以為有先見之明的傲慢態度，因此需要格外小心，特別是在父母與子女的關係更是如此。當子女做出令父母失望的行為時，如父母用「我早就知道會這樣」的方式說話，實質上是阻斷了與孩子的溝通。舉例來說，當孩子沉迷於遊戲導致期中考成績大幅下滑時，父母說：

「自從你沉迷遊戲，我就知道會這樣，用那種狀態考試，成績會好才奇怪。」

聽到這些話的孩子會怎樣呢？孩子會感到自卑，無法給出回應。這種溝通方式會造成父母和孩子的關係日漸疏遠。孩子成績下滑，父母會生氣很正常，但父母應該調整心態，而不是替孩子貼上負面標籤。父母不如這樣說：

「東允，你這次成績下滑了，你覺得為什麼會這樣？我們一起商量一下下一步怎麼做吧。」

對屢屢失誤的團隊成員或新員工也應如此。不要替他們貼上負面標籤，試著這麼說：

「你這次犯了一些錯，當成一次教訓，下次更慎重處理。」

後見之明偏誤的對話常見於父母與子女、領導者與團隊成員等的上下階級關係，以及日常生活中的各種關係。例如，戀人求職面試失利時、平常不喜歡的同事遭遇不幸時。每當這種時候，如果說出「我早就知道會這樣」，說話的一方可能會感到優越，但請記住，你不假思索說出的那句話會像匕首一樣刺入當事人的心，瞬間破壞彼此的關係。

7 「我以前說過了吧。」

寬容地附和可愛的吹牛—過度自信效應

「我應該拍照。」

「這方面的事情就交給我吧。那是我的強項。」

「論酒量，我天下無敵。」

這些話都是我們至少說過一次或經常聽見別人說的。人們常常無意識地將自己包裝得更優秀。例如：勉強面試過關的求職者會宣稱自己「高分錄取」；在教妻子開車的丈夫會吹噓「我是全世界最優秀的駕駛」。當然，這樣的例子不勝枚舉。不是每個爸媽都曾說過自己學生時代名列前茅嗎？

這麼說來，他們是刻意撒謊嗎？並不全是。是因為他們不懂謙虛為何物？或是因為他們是大說謊家？不盡然。縱使程度有所差異，不過每個人都有高估自己的傾向。

「你說以前玩過攝影，是吹牛的嗎？你的攝影技術不怎麼樣，幹嘛說大話？」

「你不是說很會做菜，為什麼刀工這麼生疏？食物看起來也不好吃……」

不管任何事，一定會有人跳出來質疑。乍看之下，這些人貌似充滿正義感或聰明，但事實並非如此。沒必要過分追究人們在小事上的自誇，將其視為品格問題，也無需打破砂鍋問到底。人們為什麼會高估自己呢？

高估自身能力的傾向稱為過度自信效應（Overconfidence effect）或烏比岡湖效應（Lake Wobegon effect）。一九七〇年代，美國作家蓋瑞森．凱勒

（Garrison Keillor）在其電台節目中創造了一個名為「烏比岡湖」的虛構小鎮。他描繪該小鎮的居民全都「力大無窮，擁有迷人外表，聰明又樂觀」。

心理學家湯瑪斯．吉洛維奇（Thomas Gilovich）指出，普通人往往認為自己優於平均水準。這種過度自信的心理現象就是「烏比岡湖效應」。一九七七年，他對美國高中生進行的一項調查顯示，有70%的學生認為自己的領導才能優於平均水準，而100%的學生認為自己的親和力優於平均水準。

丹尼爾．卡尼曼（Daniel Kahneman）針對中小企業家的研究也顯示了類似的趨勢。丹尼爾對他們提問：

「您認為貴公司成功的機率多少？」其中81%的企業家相信自己公司成功的機率高於70%，沒人質疑自己的失敗可能性。

但是，現實卻是完全相反的。美國中小企業在五年內的存活率僅35%。這揭示了多數受訪者都沒有意識到現實，而是過度樂觀地相信自己會成功。高估自己是一種普遍現象。

所以，除非對方的誇張言論達到了病態程度或可能傷及他人，否則我們應該盡可能容忍那些自吹自播，特別是當對方是與你親近的人時。倘若你總是像個度量狹小的人一樣質疑一切，或是挑出每個對方誇大其詞的地方，誰還願意與你輕鬆地交談呢？這樣做只會讓你難以與人建立融洽的人際關係。

把手放在胸口想一想吧。你真的不曾高估自己或對自己過度自信嗎？你從未在人前自吹自擂？你肯定在某些方面也高估了自己，而有時這種傾向有助於我們用更自信的態度生活。

「不要擔心這次的新項目，我在上一個項目取得了成功。」

「哇，那我就相信組長你，放心跟隨你了！」

「這家餐廳不怎麼樣，我做得更好吃。」

「真的嗎？下次一定要讓我品嘗一下，我很期待。」

這種對話不是在拍馬屁，而是展現了社交能力與雅量。記住，對話技巧其實沒什麼大不了，一個微笑與接納的態度就是對他人最好的關懷。

8

「朋友的成功顯得我很不幸。」

只要消除比較語氣就能找回自尊——鄰里效應

我剛開始擔任講師時結識了一位朋友。她和我一樣，從全職主婦轉型為講師，開始了第二人生。但是，她從一開始就與眾不同。因為她過去是一名空服員，外貌與口才都十分出眾，因此許多公司都爭相聘請她，當時的我則感到焦慮，每個月能開成的課不多，學員對我的課程反應也不甚熱烈。

隨著時間的流逝，每次我見到她總感到尷尬，不自覺間會說出類似的話語：

「你現在是明星講師了，我還是名不見經傳的小人物。」

「你果然和我不一樣，可能是因為你很苗條吧，天生的衣架子。」

每次見到她，我都會不由自主地進行比較，對自己感到越來越不滿。不知何時開始，我開始避免與她見面。隨著時間過去，我也成為了人們口中的明星講師。如今回想，那時我不斷地將自己與她比較，並將比較的言語說出口，逐漸消磨了自己的幸福。

這種現象可以用鄰里效應（Neighbor effect）來解釋。鄰里效應是指根據鄰里的財產、消費水準與社會地位等來評價自己的傾向，又稱「趕上瓊斯家」（Keeping up with the Joneses）。

美國時事漫畫《瓊斯家》（The Joneses）中曾諷刺過人們的比較心理。譬如，原本沒有汽車也過得很好的人，看到鄰居瓊斯家買了新車，就會產生相對剝奪感，跟著購車；如果瓊斯家升級成中型車，自己也要跟著換車才會滿意。像這樣，瓊斯家的鄰居習慣性效法瓊斯家的行為，避免產生剝奪感與焦慮感。

諾貝爾經濟學家保羅・克魯曼[9]也有類似感受。他在學術、社會名聲與經濟收入等方面都屬於成功人士，通常我們會認為這種人很幸福，但他自己卻不覺幸福。他曾說：

「我將當代最成功的經濟學家視為情緒參考的標準，但我並不屬於他們中的一分子。」

這是什麼意思？意思是儘管他已是頂尖的經濟學家，但他仍然低估自己，不斷地將自己與他的鄰里，也就是那些世界一流的經濟學家相比。這使他無可避免地感到不幸。

像這樣，人們天生有著不斷與他人比較的傾向，特別是與自己關係親近的人比較。但是，一旦開始比較就會沒完沒了。因為我們必然在某些方面落後於他人。這種比較的本能是不可避免的，但如果不能妥善控制，就會招致不幸並破壞人際關係。

新聞記者亨利．路易斯．孟肯（Henry Louis Mencken）說：「所謂富人，就是比親戚賺得多的人。」這句話意指只有與親近的人相比更優越時，人們才會感到滿足。這其中自然也摻雜著嫉妒情緒。因此，親朋好友往往成為我們的比較對象。這些關係也比疏遠的關係更容易出現裂痕。

但是，仔細思考一下吧。我們是否有必要不斷地與他人比較，使自己變得不幸？是否真的希望因為嫉妒親朋好友擁有我所沒有的東西，進而損害與他們的關係？

請試著檢視一下你的說話習慣吧。也許你在不經意間常說出比較的話語。忘記你所欠缺的，感激你所擁有的，如何呢？真正的自信與幸福不是來自我們所擁有的，而是來自於我們的心。

9. Paul Robin Krugman（一九五三—），美國經濟學家，新興凱因斯主義經濟學派代表。二〇〇八年，獲頒諾貝爾經濟學獎。

第三章

用 Yes 結尾的心理對話技巧

1

「我說得沒錯，院長也是這麼說的。」

借用權威強調我的話—權威法則

以下是兩種妻子勸丈夫戒菸的情況，A與B哪種更有可能成功呢？

A：「抽菸有害健康……拜託你戒菸。你是爸爸，還有孩子要養，要保重身體。」

B：「這是哈佛醫學院不久前發表的論文內容，提到了香菸對人體健康產生的負面影響……」

根據心理學家羅伯特・席爾迪尼（Robert B. Cialdini）的觀點，B說法更有說服力。提供權威性的根據可以顯著增強說服力。這被稱為「權威法則」（The law of Authority），意指權威人士或非權威人士傳達相同資訊時，其說服力會呈現天壤之別。

例如，一九九五年，一位德州大學的助教進行了一項關於穿著對行為影響的實驗。在這項實驗中，他穿著西裝闖了一次紅燈，然後換成休閒服再次闖了紅燈。什麼樣的穿著會讓更多人想仿效呢？結果表明，當他穿西裝時，尾隨他闖紅燈的人數是他穿休閒服時的三點五倍之多。這就是權威性服裝對行為模仿的影響力。

還有另一項關於權威力量的實驗則是由美國心理學家史丹利・米爾格倫（Stanley Milgram）進行的「權力服從研究」（Obedience to Authority Study）。該實驗顯示了類似的結果。米爾格倫招募了志願者，志願者被告知他們參與的是一項「懲罰對學習效果的影響」實驗。當被指定為「老師」

的志願者當看到玻璃窗後的學生答錯時，就要遵從房裡的觀察員指令對學生進行電擊。

實驗進行了一陣子，每當學生們答錯時，研究人員（觀察員）會要求擔任老師的志願者提高電擊強度。這項實驗的結果如何呢？

令人驚訝的是，有65%的志願者將電擊強度提升到最高強度四百五十伏特，即使隨著電擊強度的增加，學生們大聲呼救，大多數的志願者仍然沒有停止電擊。當然了，電擊是假的，學生的慘叫聲也是假的，但志願者並不知情。

為什麼志願者會願意對他人施以強度可能致命的電擊呢？他們的回答是「因為研究人員沒有命令我停止。」這凸顯了普通人對於權威人士的指令或命令的盲從。即使這些命令是不合理或暴力的。

羅伯特．席爾迪尼指出：「公認的權威人士發出的訊息能夠左右人們在特定情況下的即時行動。」

「正如米爾格倫所言，遵循權威人士的指令通常能帶來利益。在我們小時候（如父母、老師），遵循比我們聰明的權威人士確實能給予我們好處。因為他們比我們更有智慧，還掌握了賞罰權。長大後，這些權威人士可能變成了老闆、法官或政府領導者。同樣地，遵循這些權威人士的命令通常對我們有益，並且因其社會地位，他們擁有更多的資訊與權力，遵照他們的要求做，大致上會是合理的。然而，一旦我們服從權威成習慣，那麼即使我們察覺到命令不合理，依然會服從。」

綜合以上的觀點，我們可以理解到，在我們需要說服某人時，運用權威法能取得良好成效。然而，這並不意味著我們必須無條件服從錯誤或不合理的權威，只是在說服某人時，我們可以有效地利用人們服從權威的心理。

「根據美國麥肯錫諮詢公司的報告，這種行銷策略的成功率高達89%。據悉，因為採取這一策略，今年的營利率較去年增加了35%，所以我們也應該採用這一策略。」

「不要在紅海市場裡廝殺，應該開拓新市場。根據提倡藍海策略的金宇燦教授所言……」

「媽媽，聽說這本書對準備問答題很有幫助。你知道隔壁的正蘭姐姐吧？上首爾大學的那個姐姐也用這本書……」

當你盲目地堅持自己的立場和經驗，往往難以打動對方，但若你能巧妙包裝自己的論點，並提供充分的權威根據，比方說：該領域的權威人士的觀點、知名研究機構的研究結果、專家的著作、已證實過的統計資料等，作為論據，其權威性與可信度將會替你的論點增添力量，成為支撐你的論點的強大後盾。

2

「希望能提高我的年薪，因為……」

在無意中引出Yes的魔法詞彙——蘭格實驗

A：「媽媽，給我買玩具，不然我就不吃飯。」

B：「媽媽，給我買玩具。因為我很需要它。」

當孩子纏著媽媽買玩具的時候，哪一種說法更有效呢？你是否認為決定權操之於父母，孩子說什麼不會有太大差異？實際上並非如此。

B說法會更有效。假如你是一位母親，想想看當你的孩子使用「因為」這個詞彙時，你是否覺得孩子的要求更有邏輯性，進而增加了你同意的機率呢？事實上，「因為」是一個具有強大說服力的魔法詞彙。

這可以藉由蘭格實驗（Langer's experiment）加以解釋。哈佛大學心理學教授艾倫・蘭格（Ellen Langer）認為，提供合理原因是說服他人的最有效方法。

首先，艾倫・蘭格教授的研究團隊在圖書館進行了一項實驗。他們讓一些陌生人接近排隊列印的人，並提出不同的請求。

第一個人這麼說：

「不好意思，我可以先列印五份嗎？」

結果有60%的排隊的人同意了。

第二個人則說：

「我能先用影印機嗎？因為我有急事。」

當提出合理原因時，竟然有94%的排隊的人同意了。

這項實驗證明「因為」這個詞彙的強大影響力。研究團隊為了更進一步了解「因為」一詞的具體效果，進行了另一項更有趣的實驗。這一次，他們讓參與者對排隊的人說「因為」，並追加無意義的重複句子。

參與者對排隊列印的人說：

「我可以先印嗎？因為我要影印。」

人們的反應如何呢？會不會生氣地認為這是玩文字遊戲呢？驚人的是，有93%的排隊者接受了請求。要如何解釋這種神奇的現象呢？《影響力》一書的作者羅伯特．席爾迪尼給出了解釋。

「影印機實驗證明了『因為』一詞具有獨特的激勵效果。這個詞彙之所以具有說服力，是由於『因為』一詞與後面提出的合理原因之間存在著聯繫。而這種聯繫在我們的生活中得到了強化。」

因此，無論是孩童、青少年或大人都知道「因為」之後，會出現合理的原因，一聽到「因為」就會自動尋找合理的原因，這使得他們一聽到「因為」就會下意識地說「好」。

在向某人提出困難的請求或協商年薪時，請你考慮使用「因為」這個詞彙。比如，當你需要請求陌生人讓出停車位，不妨這麼說：

「您能挪一下車嗎？因為我有急事，需要馬上停車。」

同樣地，假設你在協商年薪，你只說「拜託替我加薪」、「我很努力工作」這類的話，老闆是聽不進去的。但你可以試著這麼表達：

「我希望我的年薪能有所提升。因為我付出了足夠的努力，我認為我有資格得到相應的待遇。」

「因為」是一個魔法詞彙，能讓人產生錯覺，覺得你的要求很合理，進而自動說出「好」。在提出要求時，避免盲目強人所難，或無根據地提出要求，要努力讓對方自然而然地說出「好」。

3

「感覺很好，你這次好像一定能成功！」

一句溫暖的話的力量—安慰劑效應

「媽媽的手是靈丹妙～藥～」

神奇的是，當媽媽輕輕揉著孩子疼痛的肚子說出這句話時，孩子的疼痛就會不翼而飛。這究竟是一種魔法、巧合，還是心理上的錯覺？

媽媽的手所展現的神奇療效具有一種醫學機制，被稱為安慰劑效應（Placebo Effect）。這指的是一種給患者沒有任何實質藥效的假藥，卻謊稱具有治療效果，而患者卻奇蹟般好轉的現象。又名偽藥效應。

一九五七年，心理學家布魯諾・克洛普佛（Bruno Klopfer）發表了一份關於安慰劑效應的報告。當時，一位患有晚期淋巴癌的病患正在醫院等待死亡。就在此時，電視新聞與報章媒體正大肆報導一種癌症新藥的問世。

「癌症已經被征服了，現在癌症就像感冒一樣！」

當時，原本無力地躺在病床上看新聞的患者得知了這一消息，情緒激動。儘管醫生們知道新藥的藥效被誇大了，這藥對他不會有太大幫助，仍舊抱著死馬當活馬醫的心情，決定將這種藥用於該名病患。他們對病患說：

「你知道這個新藥吧？就是新聞報導中提到的那種藥，我們打算用這種藥治療你。」

醫生們不抱期待地替患者施用了新藥，卻在幾天後看見了驚人的變化。

「這真是奇蹟，癌細胞竟然減少這麼多。」

醫生們吃驚地發現該名患者病情奇蹟似地好轉，對新藥藥效難以置信。但幾天後，電視上播報了新藥實際藥效的更正報導。

「這種新藥的效果被誇大了，實際藥效微乎其微。」

這個消息也傳到了該病患耳中，驚人的事再次發生，該名病患的病情急遽惡化。之後，布魯諾．克洛普佛的研究發現，病患的病情會隨著他們對治療的期待而產生變化。

有趣的是，政界時常運用安慰劑效應，被稱為安慰劑政治（Placebo politics）或泛政治化（para-politics）。政客會利用各種華麗詞藻，將自己包裝成與實際不同的形象。美國前總統雷根就是最具代表性的例子之一。雷根在任期內推動了削減教育預算的政策，不過他卻親自走訪校園，與師生們進行友好交流：

「要是有任何不便，儘管告訴我，我會負責解決學校所面臨的問題。」

他成功塑造了一個積極為教育界努力的政治家形象。

在職場上也能運用安慰劑效應。當上司向下屬或下屬對上司提出困難的提議時，不需要過多的解釋或辯解，試著活用安慰劑效應就好。簡言之，用堅定的信心武裝自己，這樣對方就會對你的提議產生期待。

「這套系統操作簡單，使用容易。只要大家按照這個方法使用，一定會對工作帶來好處。」

「若能接納並實行我的提案，我們的營業額一定會從下個季度提升。您要放棄為公司創造巨大利益的機會嗎？」

近來，韓國社會出現了「安慰劑消費」（플라시보 소비）的新詞彙，類似「心價比」（가심비）。心價比指的是，即使貴一點，但如能帶來心靈上的慰藉與和平的消費，那麼這種消費就是值得的。這反映出現代人急切渴望獲得安慰劑效應。

「再加把勁，我們團隊下個季度一定能獲得好成績。」

「我有預感，你這次減肥好像會成功耶？」

是時候用一句溫暖的話語發揮安慰劑效應了，有時，信任與希望能改變結果。

4 「用欲擒故縱的詞彙吸引關注，等一下」

故意不結束，能記得更久──蔡加尼克效應

「我們要上台報告。要怎麼吸引聽眾的注意力呢？」

「我要連上兩小時的課，我擔心學生會覺得無聊。」

這些問題是許多需要在公眾場合演講或授課的人常常問我的。他們知道我的講座經常獲得高分評價，而且時常收到加場邀請，因此向我請教秘訣。

在公眾場合演說的講者，要特別留意聽眾的專注度和反應。任憑演講內容再精采、資訊再實用，一旦聽眾注意力渙散或因內容乏味而連打哈欠，

那所有的努力都將功虧一簣。

因此，我時常強調的一點就是：

「越是重要的內容，越不能一次說完。」

要保留一些精采的部分，確保聽眾在講座結束前不會放飛了思緒。

你有聽過蔡加尼克效應（Zeigarnik effect）嗎？這是指人們更容易記得未完成的事的心理現象，也稱為「未完成效應」。

一九二七年，立陶宛女性心理學家布盧瑪・蔡加尼克（Bluma Wulfovna Zeigarnik）偶然間發現了這一現象。當時，她與朋友在柏林一家高朋滿座的餐廳點餐，她注意到有一名服務生憑藉記憶記下了所有客人的點單。這引起了她的好奇：

「這位服務生是怎麼記住這麼多客人的點餐內容呢？」

客人非常多，且每桌客人都點了許多菜餚，很容易遺忘或混淆順序。

但令人驚訝的是，這位服務生卻能準確地為每一桌客人上菜。秘訣是什麼？這位服務生驚人記憶力的秘密很快地被揭曉了。

蔡加尼克恰巧將自己的物品遺忘在餐廳，她折返餐廳取回物品，順道走到那名服務生面前問：

「我不久前坐在這一桌，你還記得我嗎？」

令她驚訝的是，服務生已經完全不記得她了。這就是那位服務生擁有驚人記憶力的關鍵。那名服務生從接單到上菜會記住所有細節，但菜上了桌，他就立刻忘得一乾二淨。換句話說，在事情完成之前，人們更容易記得未完成的事。

蔡加尼克效應被巧妙運用於電視劇中。大多數的電視劇會在劇情高潮處結束，播放下集預告。當劇情達到高潮時被中斷，觀眾的反應會如何呢？觀眾會迫不及待想知道後續劇情。由於還沒演完就被中斷，劇情會給好奇的觀眾留下深刻印象。

這一效應在演講或發表報告也同樣有效，具有極高的應用價值。當演講者在說重要內容時，不要一次全盤托出，要在中途打斷節奏，吊聽眾的胃口。

「接下來我要分享大家感興趣的部分了。喔，不過，請等一下。」

聽眾會眨著眼睛，豎起耳朵地等待。

學員的反應是長時間講座成功與否的關鍵。在這時，你可以把講座分成幾個部分，在每個部分告一段落時都說：

「在我替這段內容下結論之前，請大家稍待片刻。」

當你停下來，說著「稍待片刻」時，人們的好奇心會被激發，更專注地聆聽你說的話。無論是聽演講或聽課的人，都不要一次完全解答他們的疑惑。你準備好和聽眾來一場精采的你拉我扯嗎？

5

「我們是第二名，所以更加努力！」

引誘到肯定的框架裡─框架效果

中國宋朝，有一個養猴子的人，當他生活窮困潦倒，無力購買足夠的橡實時，他對那些猴子說：

「從今天開始，我早上給你們三顆橡實，晚上四顆。」

猴子們感到不滿，於是他改口：

「那我早上給四顆，晚上給三顆。」

猴子們便心滿意足地接受了。

這是著名的「朝三暮四」故事。不過是改變了順序，愚蠢的猴子們卻欣然接受了實際上相同的條件。

可是，這種不合理的態度不僅存在於猴子身上，人類在許多情況下也表現出類似的行為。例如：桌上放了一個只裝了一半水的杯子，有些人會持否定態度說「只有一半的水」，有些人則持肯定態度說「裝滿了一半的水」。

說到這裡，讓我們談一下「框架效果」（Framing effect）。框架效果是指人的決定與解釋會隨情境的不同而產生變化的現象。框架（Frame）原意指窗框、相框或眼鏡框等框架，在心理學上，框架則指一個人觀察事物的「思維框架」。根據思維框架的不同，人們對事物的解釋與判斷也會有所不同。

一九八一年，行動經濟學家阿莫斯・特維斯基（Amos Tversky）與丹尼爾・卡尼曼提出了框架效果。兩位學家對受試者說道：

「現在有六百人感染了致命疾病，請在A與B兩種療程中，選出能挽救他們生命的方法。」

並且他們對兩種效果相似的療程給出了不同的說明。

- 「A療程能挽救兩百人的生命。」
- 「B療程的病患生存率為33%，而死亡率為67%。」

結果顯示，72%的受試者選擇了A療程，僅有28%的受試者選擇了B療程。這是由於人們偏好選擇提出積極描述的選項。這說明了在說服某人時，使用積極的框架會更加有效。

舉例來說，假設某家公司的團隊負責人正在推動某項專案，需要獲得高層的批准。該專案的成功率與失敗率分別為60%與40%。縱使是相同的機率，採用積極的框架能提高獲得同意的機率。因此，負責人提案時可以避免提到失敗率。

「這個專案的成功率為60%，請交給我全權負責吧。」

同樣地，若某人想參加某機關或團體的代表選拔，但他的得票率次次屈居第二呢？這個人最好將說詞換成積極的框架。

「我每次都獲得第二高的票數，這讓我比任何人更了解成為第一名所需的力量。我知道想成為第一名就必須傾聽民意，將其落實。因此，我會比其他人更加努力，致力傾聽現場民眾的心聲。」

美國租車公司艾維士的廣告口號「我們是第二名，所以我們更努力！」就是一個動搖市場的著名案例。就是如此。同樣的內容會根據不同的框架帶來截然不同的結果。先採用積極的框架，提出高水準的內容，創造出好的成果吧。假若你想贏得對方的心，我建議你使用肯定的表達方式吸引對方。

6

「為了今天的會議，我準備了特別的麵包。」

香味是開啟人心的鑰匙──香味效應

「組長太有魄力了，讓人很難開口表達意見。」

「我先前和一個人起了口角，我要怎麼開啟對話呢？」

不管去到哪裡，我們總會遇到合不來的人，和他們相處會沒來由地感到彆扭和不自在，甚至希望能永遠避開他們。然而，這並不現實。儘管想透過多種溝通方式接近對方的心，結果往往是徒勞無功。

每當此時，非言語溝通顯得格外重要。當用盡一切努力也無法拉近彼此的心靈距離時，就不能只依靠言語了，特別是在涉及與異性關係的情況下更是如此。這種時候，可以考慮運用氣味去動搖對方。

比如，費洛蒙香氣具有超越了美麗外表的神奇魔法，香味能塑造異性形象與感覺，並被深深記住。你興許也有過類似的經驗吧？每當想起某位特定異性時，腦海中會浮現那個人特有的香氣。

同樣，氣味與香氣也能修復破裂的人際關係，尤其是麵包的香味。香氣撲鼻的麵包香味效應（Delicious bread smell effect）是指利用烤麵包的香氣誘發陌生人積極、友好與利他的行為。

法國南布列塔尼大學的研究團隊進行了一項實驗，探究麵包的香味如何影響人們。在這項實驗中，研究團隊要求一半的受試者在一家散發麵包香氣的麵包店前，而另一半受試者則是在一家潮流時裝店前，故意將包包裡的東西掉落。

「請假裝翻遍包包時，不小心地掉出了飾品、手套或化妝品。」

受試者遵照指示，在這兩個地點掉落物品，研究團隊則觀察周圍的人是否伸出援手或視而不見。這項實驗共進行了四百多次。

結果相當有趣。在散發麵包香味的麵包店前，有77%的路人主動幫忙撿起掉落的物品，而在時裝店前，僅有52%的路人伸出了援手。這項研究表明，美味的香味是誘發人們助人行為的重要媒介。研究人員得出以下結論：

「我們的嗅覺與控制情緒的大腦邊緣系統（Limbic system）緊密相關。氣味在記憶形成與儲存方面扮演著關鍵角色。多數人聞到美味的香味，就會聯想起過去愉悅的用餐經驗。因此，麵包的美味香氣能激發人們正面情緒與友好行為。」

這種誘使人行動的香味效應已被廣泛應用於市場行銷策略中，諸如百貨公司、西餐廳、書店與女性服飾店等，都會散發獨特的香氣，大家都有過聞到那些香氣而感到心情愉悅的經驗，這稱為嗅覺行銷。實際上，許多店家已經利用這項效應成功地提升了自己的業績。

那麼我們能如何利用這種香味效應呢?你可以用它來改善你與獨斷專行的組長的關係。你可以偶爾買一些香噴噴的麵包,放在茶水間或組長座位附近。在正式會議之外的時間,你可以準備剛出爐的麵包或餅乾,這不僅能緩和會議的緊張氣氛,還能緩和組長的強硬態度。你還可以嘗試這麼說:

「組長,您最近辛苦了,我準備了下一季度的新計畫,能麻煩您過目嗎?」

面對和你起過口角的人,這種方法同樣能適用。假如你因為心情不愉快而一直保持強硬的態度,最終不自在的會是你自己。嘗試放一些香噴噴的麵包在桌上,進行溝通吧,或者約在麵包店見面也是一個不錯的方法。讓氣氛緩和之後,再開啟溝通的大門。

「讓我們忘記上次的不愉快吧。我們有很多地方需要合作,讓我們拋開尷尬,找出互助的方法。」

7

「現在才是辛苦的開端，但一定會有好結果。」

根基於現實的合理樂觀主義──史托克戴爾悖論

「保持樂觀就能成功！」

「只要堅信夢想，夢想必能實現。」

「堅定的信念能創造奇蹟。」

這些口號無疑地充滿了吸引力，是吧？這些話曾是許多人追求成長的過程中的強大動力。然而，最近人們經歷了無情的現實打擊後，開始意識到這些口號有多荒謬與不切實際。

比方說，面對求職難關，連就業都沒成功就先陷入絕望的年輕人；還不到退休年紀就被強迫提前退休的上班族；工作一輩子也買不起房子的中年人等等。這些嚴酷的現實讓人們早就不相信這些空泛的成功論──「只要有夢想就能實現」。

上班族抱怨道：

「我再怎麼努力，一切都不曾好轉。我的薪水很低，面臨著隨時會被開除的風險，不敢結婚。」

年輕人抱怨道：

「打從一開始就沒給過我們機會，我們還有未來可言嗎？我們是被遺棄的一代。」

中年人的狀況也類似。

「我還不到五十歲就被公司解雇，我還有很多開銷，像是房貸和孩子們的學費……我又沒能力自己創業，前途渺茫。」

他們真的沒有希望了嗎？成功、夢想與前景都成為了無法實現的虛幻故事嗎？當然不是。不過，盲目宣揚成功的樂觀主義，顯然對處於困境的人們並沒有實質幫助。「一切都會順利」的空洞口號，對清晰可見的嚴酷現實，能發揮什麼力量呢？他們需要其他東西。

他們需要史托克戴爾悖論（Stockdale paradox）——認清現實的同時，對未來抱有希望。史托克戴爾悖論強調了「合理的樂觀主義」，正視並承認悲觀現實，同時相信克服困境後，未來將能開花結果。

這個概念由管理學家詹姆．柯林斯（James C. Jim Collins）在《從A到A+》中提出。書中描述了他與美國海軍中將詹姆斯．史托戴爾的對話。一九六五年至一九七三年的越戰期間，史托戴爾中將和同袍被越南軍人俘虜，儘管許多同袍不幸喪生獄中，但史托戴爾中將卻幸運生存，並返回祖國。

詹姆．柯林斯問史托戴爾中將：

「哪些軍人沒能活下來？」

史托戴爾中將答道：

「樂觀主義者。」

詹姆．柯林斯感到困惑。我相信你也會疑惑不解。「樂觀主義者不是應該在絕望中發揮最大力量嗎？」然而，樂觀主義者無法生存是有原因的。

那些抱著樂觀主義的軍人相信自己會在聖誕節前獲釋，但殘酷現實與他們的期待背道而馳，他們在聖誕節也沒能被釋放，每一次的希望破滅都造成他們更深的心理打擊，逐漸消磨了他們的生存意志。希望與期待越大，絕望感就越深，最終，失去希望的軍人們接二連三地死去。史托戴爾中將也透露了自己能倖存的秘訣：

「我作好了心理準備，我並不認為聖誕節前會被釋放。因盲目的樂觀而迴避現實，與堅持樂觀的同時卻也正視現實，是截然不同的。」

假使你是一家公司的首席執行長，而你的公司正陷入危機。在這種情況下，你絕對不能提出模糊不清的願景，試著這麼說：

「我預見未來將充滿挑戰，克服它們絕非易事，但我們必須正視現實，力求生存。」

假使你是一名組長，正負責推動一個高難度項目，那麼不要盲目地灌輸下屬「我們一定能成功」的信念，試著這麼說：

「現實很殘酷，這次項目的成功率不高，但讓我們全力以赴，盡力而為。」

假使你為人父母，而你的孩子正處於求職挫折期，你也不要毫無根據地過於樂觀或否定他們，可以這樣鼓勵他們：

「每個人都會經歷失敗，所以不要灰心。從現在開始，逐步彌補自己的缺點，這樣當機會來臨時，你就能把握住，不是嗎？」

盲目地抱有希望與樂觀固然空泛，但根基於現實的樂觀卻能成為支撐我們的力量。即使現實不容樂觀，但若你仍想擁有夢想，那麼就評估你目前所處的位置，並鞏固根基吧。

第四章

擄獲異性的
心理對話技巧

1

「那個完美的男人為什麼乏人問津？」

有時弱點會變成魅力—出醜效應

「為什麼女性對我沒有好感？」

一名三十多歲的男性來找我諮商，吐露了自己的煩惱。他身高超過一百八十公分，相貌英俊，待人體貼，加上畢業於國外知名學府，目前在外商金融公司上班，集所有女性心儀特質於一身。然而，究竟是哪裡出了問題？

「你和人交往經常遇到困難嗎？」

「沒有，我以前是學生會會長，有領導能力，也很擅長領導別人。」

「那麼……你的性格很挑剔或敏感嗎？」

「沒有，大家都說我很隨和。」

這很反常。在我與他交談了一個多小時，他展現出令人印象深刻的口才，自信的眼神交流以及恰到好處的手勢，說話有條有理。在那段短暫的交談中，我感覺到他一切都無懈可擊，有著完美主義者的特質。他對學業、運動或人際互動都力求完美。

在那一刻，我意識到「力求完美」就是他的問題所在。他太完美了。人們很難和十全十美的人相處，更喜歡與稍微有些缺陷的人往來。這可以透過出醜效應（Pratfall effect）來解釋，即看似冷酷或有距離感的人犯了錯後，反而會更加討人喜愛，魅力升級。

美國心理學家艾略特．阿倫森（Elliot Aronson）進行了一項有趣的實驗。艾略特．阿倫森錄下了對兩名參與者的採訪，並放給受試者聽。在那之後，兩名參與者進行了一場問答比賽，以確認受試者對誰更有好感。

艾略特．阿倫森在問答比賽前先採訪了參與者A與B，A沒有說錯話，回答得無懈可擊，反之，B在採訪中卻不小心打翻了咖啡。問答比賽開始了。當打翻咖啡的參與者B答對問題時，他獲得了更熱烈的掌聲與歡呼。

艾略特．阿倫森發表了下述實驗結果：

「人的弱點或失誤會成為討人喜歡的魅力所在。這意味著，全然無弱點或從不犯錯，過於完美的人可能會有些缺乏魅力。」

然而，這並不表示你需要刻意犯錯來提升你的受歡迎程度。相反地，你表現得近乎完美，卻偶爾會展示一點無傷大雅的失誤，能讓你更具魅力。

在以下四種類型中，哪一種人最討人喜歡呢？

A：完美但會犯錯的人。

B：完美且從不犯錯的人。

C：會犯錯的平凡人。

D：從不犯錯的平凡人。

最討人喜歡的是A。一個近乎完美的人，若能展示出弱點與偶爾犯錯的一面，反而會增添魅力。不過這句話並不適用於事事出錯或習慣性失誤的人。

舉例來說，美國前總統比爾．柯林頓在經歷陸文斯基醜聞事件[10]後，他的支持率不減反增。這顯示出公眾包容了看似完美的柯林頓總統的弱點。

每個人都想在心儀的異性前展現出完美的一面，希望藉此擊敗情敵，情場取勝。可是，一個毫無瑕疵的完美形象往往會給對方帶來壓力。如果你想向異性展現魅力，你要偶爾故意出醜，比如分享一個你犯錯的故事。

10. 指一九九八年初，美國總統比爾．柯林頓與白宮女實習生莫妮卡．陸文斯基之間的性醜聞，該事件引發了一系列調查以及對柯林頓的彈劾案，獲得了美國和國際社會相當大的關注。

「我之前也發生過類似的事。」

「天啊，完全看不出來，你居然也會犯這種錯。」

「當然了，我神經很大條。」

一個完美的男人竟然存在人性化的一面，展現一些不完美反而能拉近彼此的距離。在日常生活中追求完美的時候，你最好也準備幾個故事，自曝己短。

2

「即使選擇了第三幅畫，依舊無法擁有它。」

遇到障礙才能燃燒的戀愛秘密──羅密歐與茱麗葉效應

你是否憧憬過一段淒美的愛情？一段心甘情願捨棄一切的愛情。可是，在現實生活中，我們很少遇見如電視劇或電影中一樣刻骨銘心的愛情。為什麼會這樣呢？

假如你是個平凡的年輕人，可能經歷過幾段戀愛，哪怕你沒談過戀愛，你至少體驗過一兩次近乎愛情的情感。我們之所以無法談一場如絢爛火花般的愛情，或許部分原因是因為我們太容易愛上某人吧？從過去的經歷看來，即使你與現任戀人分手，不久後，你也會遇見下一個心儀異性，因此我們沒有任何理由為了現在交往的人放棄一切。那麼，假使你想和戀情剛萌芽的戀人，談一場激情燃燒的戀愛，該怎麼做呢？

你聽過羅密歐與茱麗葉效應（Romeo & Juliet effect）嗎？心理學家理查德．德理斯科爾（Richard Driscoll）與科羅拉多大學的同事一起進行了一項關於愛情強度的研究，其目的是揭示父母或周圍的人的強烈反對會加強愛情強度。研究結果表明，父母反對程度越高，兩人之間的愛就越深刻。

就像這樣，男女之間的愛情強度遭遇障礙或不受周圍的人認同，反而會增強愛情強度。社會心理學家魯賓（Zick Rubin）的愛情量表也支持了這一點。根據魯賓的研究，相較於受周遭人祝福的情侶，不受周遭人認同的情侶有著更高的愛情指數。

此外，還有一項更有趣的心理實驗。一位心理學家把十張畫發給了學生，要求他們根據個人喜好，排列那些畫，並承諾會贈送他們一幅畫。學生們花了一些時間排列好之後，那位心理學家說：

「我不會給你們第三幅畫。即使有人指定也一樣。」

接著，他要求學生們重新對畫進行排列，他同樣聲稱自己會給學生們一幅畫，而在這次排列中，學生們將原先排在第三位的畫作排在更前面的位置。這是因為學生們開始喜歡上自己無法擁有的畫。

心理學將這種現象解釋為，當人們感到自己的自由意志被剝奪時，就會產生反抗心理。換句話說，人原本擁有選擇或不選擇的自由，但當這種自由被剝奪，就會引發反抗情緒。

在戀愛關係中，明知道彼此相愛卻感覺對方愛意不夠強烈時，適當地運用羅密歐與茱麗葉效應，有時可以增強愛情強度。假使你覺得兩人的關係從最初的心動變得平淡，不妨嘗試這樣說：

「對不起，我爸媽好像不同意我們交往，不過不用擔心，我心中只有你。」

或者你覺得在一起久了，對方開始忽略你了，你可以說：

「其實我媽不太喜歡你，不過我覺得你是全世界最棒的。」

太順遂的愛情容易流於公式化，請記住，偶爾帶來緊張感的障礙或小衝突能使關係更加牢固。

3 「最近的暢銷商品是什麼？」

無意中投給多數的選擇——社會認同法則

「要怎麼向心儀的女性告白呢？我的外貌和工作都不比別人差，經濟能力也不錯，但每次告白都以失敗告終。」

一位男性上班族在相親時遇到了心儀的女性，他來諮詢我戀愛建議。在我們短暫的交談中，他頻繁地強調自己的能力，提及一些我沒有詢問的事，每個話題的最後都以「我很優秀」收尾。這類型的男性可能戀愛經驗少。令人遺憾的是，女性通常不喜歡過於自負的男性。

在向心儀女性告白時，與其誇耀自己，不如提供自身魅力的佐證。我們來比較以下兩個例子：

A：「我畢業於國外知名學府，現在在G公司上班，年薪優渥，很快就會升職，請和我交往。」

B：「最近很多女性對我示好，又發簡訊，又透過社群網站私訊我。但是，我真正想交往的對象是你。」

乍看之下，很難判斷A和B哪個更有效。但是，根據社會認同法則（The law of Social proof），B的方法會更有效。社會認同法則是指人們會根據多數人的選擇，作為支持自己想法與行動的根據。這一法則由羅伯特·席爾迪尼在《影響力》一書中提出而廣為人知。

或許有人會對此持懷疑態度，特別是在當下強調「我就是我」的社會，從眾真的行得通嗎？但是，有許多案例證明了這種方法的有效性。

以街頭乞丐為例。放置空籃子的乞丐，以及在籃子裡放有幾枚硬幣的乞丐，誰會得到更多施捨呢？無疑是後者。因為路人看見籃子裡的硬幣，會認為已有人先行善，進而被誘發他們隨人行善。

綜藝節目也是如此。我們看綜藝節目時，經常可以聽到罐頭笑聲，這些笑聲能讓觀眾覺得節目有趣，成為節目趣味的佐證，誘使觀眾跟著開懷大笑。

請看一下募款節目吧。節目主持人不會強調捐款的合法性來吸引觀眾捐款，相反，他們會利用自己的說服力呼籲觀眾踴躍參與。

「有很多人都捐了款，包括某大企業J會長、某區廳廳長與職員們、京畿道S地區母親會、某小學的學生們……」

節目觀眾發現捐款者眾，會覺得自己理應加入行善行列，自然而然地參與捐款活動。

同樣地，在追求心儀女性時，別浪費無謂的時間吹噓自己，給予一些暗示會更有效。當女性接收到暗示會出現這樣的反應：

「一個男人再有能力，假如是花花公子也無濟於事。不過，這個男人不僅看起來能幹，還顯得很真誠。這麼多女性喜歡他一定是有原因的。我應該相信那些女性的判斷。」

相反地，當女性和男性交談時，運用社會認同法則交談也會同樣有效。例如，假使一名女性想強調自己的外表魅力，與其說「我參加過C選美大會，不覺得我長得和藝人K很像嗎」，不如說：

「有人問我是不是參加過選美比賽，還有人說我長得像藝人K。每次被那樣問，我有時候會很慌張。」

不論是男是女，自吹自擂的人通常不討人喜歡，沒人會喜歡自視過高的人。但是，不經意地拋出誘餌，證明「我是個不錯的人」則可以產生意想不到的效果。因為人們通常傾向喜歡被多數人認同與喜愛的事物。

4

「給我這裡最貴的。」

比較有時是良藥，而不是毒藥——對比效應

「我不確定你喜歡什麼，苦惱了很久，最後選了它。」

「親愛的，你覺得怎麼樣？喜歡我為你準備的驚喜嗎？」

情侶間互贈禮物和策劃驚喜活動是表達心意，感動對方，並增進愛意的方法。

問題是，要每次都讓對方滿意或感動並不容易。熱戀期的情侶不惜傾家蕩產也想給對方最好的，但隨著時間過去，他們會開始意識到現實問題。

既然如此，我們該如何應對這種情況呢？每當遇到這種情況，可以試

著使用對比效應（Contrast effect）。對比效應是指基於比較物的不同，能讓同等價值的事物感覺到不同價值的現象。讓我舉一個例子幫助理解：

假設你的右手保持在常溫下，左手則浸泡在冰水中二十秒，再將雙手同時放進溫水中，你會有什麼感覺？雙手會有什麼反應呢？

正如你所想，你會發現右手覺得溫暖適中，左手卻會感覺熱。這就是對比效應，它使先放入冰水的左手感覺溫水比實際溫度更熱。

對比效應在團體面試表現得最為明顯。假若某個同組面試者資歷出色，這會導致其他人的價值被低估。這同樣體現在團體聯誼上。這就是為什麼大家都不願意坐在外貌出眾的人旁邊的原因。

對比效應在行銷上也是個有效的策略。假設有一位客人走過了百貨公司的名牌包專櫃，打算進去逛一圈，如果有打折商品就下手購買，否則就直接離開。但事情往往不如所想。名牌店有其獨到的行銷策略。

「客人，您看到中間那個手提包了嗎？那個包要八百萬韓元（約十九萬台幣），不過別擔心，它旁邊的手提包只要兩百萬韓元左右（約四萬七千元台幣）。很實惠吧？」

通過與更昂貴的手提包進行比較，店員讓主要推銷商品顯得更便宜。遇到這種情況，客人可能連「請算便宜一點」的話都說不出來。

對比效應也可以用於你想送禮物給女朋友但預算有限的時候。首先，先挑選一家商品價格低於你打算送的禮物的店，但店面外觀要相似。然後，你牽著女朋友去那裡，說道：

「這裡最貴的商品是什麼？今天是特別的日子，我要送禮物給我女朋友，請拿最好的東西出來。」

店員會推薦最貴的商品，這時，你的女朋友會看到其他商品的價格標籤而感到滿意。

同樣地，女性想送給心愛的男友情侶對戒但預算不足時，請用銀製情侶對戒代替黃金情侶對戒吧。挑選一家主打情侶對戒的商店，最好是外觀看起來高檔的店，你帶著男友去店裡，要求店員：
「請給我這裡最貴的。」
男友比較了其他對戒的價格後，也會露出滿意的表情。

5
「我說不好話都是因為你。」
站在那個人面前就說不出話——舌尖現象

「怎麼辦？每次一站在那個人面前，我就全身僵硬。」
「我有喜歡的人了，但是我沒跟他說過話。」
「甜言蜜語的高手。」

戀愛中的年輕人屢屢吐露類似的困擾，說不知道該說什麼好，尋求幫助。在喜歡的人面前感到緊張和激動是再正常不過的了。那份緊張感是戀愛的必經過程。但有些人會緊張過度。

有些人一站在喜歡的人面前會變得語塞，雙唇緊閉，腦海一片空白，擠不出任何單詞。這樣的沉默會持續好幾秒鐘。這不僅讓他們難以和對方交流，稍有不慎還會被誤解。

「怎麼回事？是瞧不起我嗎？為什麼每次說到一半就不說了。」

「是沉默寡言還是口才不好，悶死人了……」

其實，在喜歡的異性面前說不出話，是一種因緊張而產生的心理現象。這種緊張得話語在舌尖打轉卻開不了口的情況稱為舌尖現象（Tip-of-the-tongue phenomenon），由哈佛大學的布朗（Brown）與麥克尼（McNeill）教授於一九六六年提出。

布朗和麥克尼教授進行了一項極具趣味的實驗。他們提供受試者一些陌生的詞彙，並要求他們記住，在一段時間後測試其記性。

「請告訴我這個詞彙的意思。」

「這個詞彙有〇〇〇意思，請猜出是哪個詞彙。」

受試者顯得驚慌失措。表面看來，大多數受試者都無法準確地記住那些詞彙的意思，但實際上他們並不是完全忘記了。受試者眾口一致地說：

「這個詞彙和人有關。」

「第一個字母是L。」

就是如此，他們並不是完全忘記了詞彙的含義，而是難以回想起已經記住的資訊。當布朗和麥克尼教授給出一些簡單的提示，有些受試者能依稀想起了某些詞彙的意思或部分拼寫。布朗與麥克尼教授給出了結論：

「記住資訊和了解記住的資訊是兩回事，因此，不記得並不代表腦海中的資訊完全消失了。」

舌尖現象不僅常在喜歡的人面前發生，同樣容易發生在面試、報告與重要會議等場合。人們無法順利表達出存在腦中的資訊，其主因是緊張所帶來的心理壓抑。適度的緊張有助提高說話時的應變能力，然而，過度緊張則會導致說話結巴或溝通障礙。

我們再來聊一下戀愛吧。不擅長談戀愛的人的特徵之一是，在心儀異性前就會講話結巴，要怎麼解決這個問題呢？這需要刻意地努力練習將腦海、心中與嘴巴打轉的話說出來。

要做的第一件事就是，承認自己在喜歡的人面前會感到緊張，自然地接受這個現象，不害怕被對方注意到。

「啊，那個……抱歉，我有點緊張。」

「我第一次參加這種場合……話有點說不輪轉。」

像這樣先坦承自己的心情，對方會有何反應呢？大多數的人都會包容你。當對方看到眼前的異性在緊張，肯定能發現你的心情，尤其是第一次見面會更加明顯。

「這個人是因為我才緊張的嗎？他緊張是不是因為喜歡我？」一旦對方有了這種想法，就會對你好感加分，也許會覺得你對待這段關係很誠懇。

所以，請放鬆心情吧。認知到自己的緊張和悸動，坦率表達，開啟對話，就能獲得好結果。

6

「我們在上週的研討會見過嗎？」

若有似無地吸引對方的技巧—似曾相識

「我們以前是不是見過？」

「你看起來很眼熟，好像在哪裡見過你。」

對第一次見面的人說這句話，是不是意圖很明顯呢？但它卻出奇地有效。

過去介紹過的無數與異性交往的秘訣與對話技巧等，往往缺乏實際根據。然而，「我們以前是不是見過」這句話被證實能最有效地引起初次見面的異性的好感。然而，無論是否真的見過不重要。

這句話經常被用來刺激既視感（Deja-vu）。既視感是一種心理現象，它讓人即使是第一次經歷某事物，也會有一種似曾相識的感覺。這一現象最初由法國醫學專家佛羅蘭斯·阿諾（Florance Arnaud）站在醫學角度給出了定義，而後法國學者艾米利·波拉克（Emile Boirac）首次使用了「既視感」一詞。

既視感有兩種解釋方式，一是從記憶觀點解釋。當人們經歷過某些事時，並無法全然地記住所有的細節，而是依賴部分特徵來記住整體感覺。因此，即使是第一次經歷的事情，也可能與某段記憶重疊，從而省略了當下的體驗與記憶的對照過程。這也是為何縱使是第一次，人們也會誤以為過去曾經歷過的原因。

另一種解釋則是基於眼球結構進行了解釋。普通人的雙眼眼距約為六公分，因此，當我們轉頭看某物時，左右眼的視覺資訊會存在微小的時間差。時間差大於0.025秒就會產生似曾相識的錯覺。

事實上，許多人都經歷過既視感。第一次去的地方或建築物卻覺得曾造訪過；第一次經歷的情況或事情卻覺得曾經歷過；第一次見的人卻有種似曾相識的感覺。

心理學家普遍認為既視感與前世無關，但韓國人傾向將這種現象與前世聯繫，其代表例子就是一見鍾情的戀人會主張兩人有著前世緣分，相信彼此的相遇是命中注定。

「我們好像上輩子就認識了。」

這是因為他們想賦予愛情一種「命中注定」的感覺，這種做法確實能加強兩人之間的愛意。因為強烈的命運羈絆會讓人更加難以自拔。

因此，倘若你想牢牢抓住對方的心，可以像下面一樣巧妙地運用既視感。當對方聽到這些話時，可能會在不知不覺中認為你們是「前世注定的緣分」。

「我們之前見過面嗎？」

「今天好像是我們第一次見面。」

「你有參加上週四的研討會嗎？」

「沒有。」

「啊，抱歉。不知道為什麼我覺得你很熟悉……好像在哪裡見過。」

為了避免過於肉麻，你可以像突然想起來一樣，自然地說出口。也許這能幫助你遇見遲遲未出現的正緣。

7 「我迷上你的智慧，而不是身材。」

智慧的對話會發散性魅力──智性戀

李荷妮、李相侖、申雅英、全炫茂、朴經……

這些是在韓國影視圈備受矚目的演員、歌手與主持人。他們有什麼共同點呢？就是他們的大腦都很「性感」。最近，擁有這種特質的人被稱為「腦性男」或「腦性女」。

很多人透過健身與護膚來吸引異性的目光。然而，智慧所帶來的魅力遠超過外表。也就是說，想散發智慧的吸引力光靠豐滿的胸部或翹臀是不夠的。

在現今社會，僅因身材好而受到讚美已經過時，人們對異性的讚美正在改變。

「你怎麼這麼聰明？」

有人認為智慧的吸引力只是口頭上的說法，認為人們內心深處依然看重異性的身材，受身材吸引。也就是說，肉體的性感更重要。果真是這樣嗎？如果問「大腦與性感是否毫無關聯」，答案其實會是否定的。你是否聽過智性戀（Sapiosexuality）？智性戀是指從對方的智慧中感受到性吸引力或被喚起性欲的現象。

《紐約時報》曾報導，智性戀正在逐漸成為一種新的戀愛傾向，而Instagram帳號@HotDudesReading上傳了紐約各地閱讀的男性照片，並出版了相關書籍與日曆。這些現象證明了「閱讀的男人很性感」這一廣告標語也符合日常現實生活。

西澳大學的吉耐克（Gignac）教授與其研究團隊，向三百八十三名年齡介於十八歲到三十五歲的成年男女，進行了一項問卷調查，詢問他們看重戀人的哪些特質，以及在哪些特質上會感受到吸引力。研究結果顯示，大多數受試者都希望對方聰明，特別是十八歲到三十五歲的部分受訪者（1%—8%）被歸類為智性戀者。他們會因為對方的聰明才智而感受到強烈的性吸引力。

你想向異性展示性吸引力嗎？擁有肌肉和魔鬼身材固然好，但試著透過知性的形象發散吸引力如何呢？你可以提前到達約定地點，不經意地展現自己閱讀的樣子，或是乾脆約在書店見面。

另外，你要努力提高自己的知識量，就像在健身房投入時間塑造身材一樣，你應該持續地投入時間，鍛鍊大腦力量。閱讀是基本的，還要給自己留一些獨處思考的時間。多關注這世上發生的事，尋找優質內容，參加講座或展覽也是不錯的方式。

當你和喜歡的人去餐廳或進行日常約會時，嘗試進行以下類似的對話吧。

「你看過電影《可可夜總會》嗎？我一直很喜歡芙烈達．卡蘿畫家，所以很喜歡那部電影。在電影裡出現的……」

「拌飯明明是很普通的食物，但不覺得很美味嗎？你知道有很多關於拌飯由來的故事嗎？」

「最近天氣很好，我經常午飯後去散步。我公司後面是一條漢陽都城巡城道，以前蓋漢陽都城時……」

在與他人交流中，無需刻意炫耀自己的知識或裝腔作勢，最好避免談論敏感的政治、宗教或社會議題。選擇超越常識或知識範疇的話題，進行愉快的交談至關重要。關鍵在於「輕鬆」與溫和的態度。因為如果你試圖吹噓或說教，可能會招致反感。在輕鬆的閒談中，巧妙地表現出一點與眾不同的常識與知識，引起對方的關注就足夠了。

第五章

打開錢包的心理對話技巧

1

「這是金南珠穿過的商品。」

刺激想要模仿的欲望——帕諾普利效應

「推銷奢侈品，要說什麼才能更吸引人？」

「有沒有什麼推銷金句能打動顧客的心？」

這是許多準推銷員最常問的問題。多年來，我教授了許多推銷員的說話技巧與說服策略，然而，他們最感興趣的還是奢侈品的銷售話術。

我會建議提出這類型提問的人：

「人們有提升自己社會地位的欲望，往往透過購買奢侈品來實現那份欲望。因此，在推銷奢侈品時，提及那些使用過該商品的藝人名流是最有效的。比方說，銷售愛馬仕、杜嘉班納、Stuart Weitzman 的衣服時，與其強調它是世界知名設計師的作品或名牌，更有效的策略是提及它是女演員金南珠在人氣韓劇《迷霧》中穿過的款式。這樣的連結會讓顧客認為擁有該商品，等同擁有了金南珠般的知性與高級形象，從而滿足欲望。」

這就是為什麼在綜藝節目《孝利家民宿2》中，去當工讀生的女藝人潤娥所穿著或使用的單品，包括她穿的T恤、白色長羽絨服、使用的鬆餅機都成為了時下熱銷商品。

是因為觀眾第一次看到T恤、白色長羽絨服或鬆餅機嗎？不是的。觀眾早已知道這些商品的存在卻不感興趣，是看到潤娥穿戴或使用這些商品後，才突然產生了濃厚的興趣。這是一種心理現象，人們總覺得別人用的東西更好。

這種現象被稱為帕諾普利效應（Panoplie effect），是指人們相信購買特定商品，自己就能成為使用該產品的團體一份子或隸屬於同一階級的現象。帕諾普利效應是一九八〇年代法國社會學家尚・布西亞（Jean Baudrillard）在《消費的社會》（La societe de consommation）中首次提出的概念。尚・布西亞觀察到在二次世界大戰後，全世界以生產為中心的社會轉變為以消費為中心。他指出：

「消費者通過購買商品時反映出他們理想中的自我，購買奢侈品讓他們覺得自己擠進上流社會。」

與帕諾普利效應相似的還有韋伯倫效應（Veblen effect）。這是以美國社會學家韋伯倫（Veblen）命名的現象，指的是上流階層出於炫耀目的所進行的消費行為。韋伯倫發現了一個奇特的市場經濟現象。一般來說，商品需求會隨價格的增加而減少，然而，上流階層則是為了彰顯自己的特權地位，商品需求反而會隨價格升高而增加。

因此，在最近經濟不景氣時期，要想成功推銷奢侈品就需要刺激這種心理。舉例來說，百貨公司的名牌專櫃職員可以這麼說：

「您有注意到最近很紅的電視劇《我的黃金光輝人生》嗎？劇中的主角申惠善飾演的大企業總裁千金在劇中佩戴了這款商品。這充分證明了這個商品的品質。顧客，您覺得這商品怎樣，滿意嗎？」

透過這樣的方式，顧客會將自己的形象與劇中海成集團千金申惠善，以及她所穿戴的名牌商品連繫起來，從而提高商品購買意願。

同理，理財規劃師在銷售昂貴的金融商品時，也可以採取類似策略。理財規劃師要向富有客戶推銷昂貴的金融商品時，單純強調利率提高多少個百分點或提供優惠條件很難打動客戶的心，不過可以這麼說：

「這項商品因為要價不菲，不是每個人都能負擔得起。現在它深受江南區的醫生、律師和會計師等專業人士的青睞。不久前，電視紅人K博士整形外科院長、M律師和E會計師也購買了這項商品。」

假使你推銷的是昂貴的商品，並且主要客戶群是富人，那麼你不需要用蠅頭小利打動客戶，也無需過度解釋商品品質，你要做的是激發客戶對提升身分階級的欲望。

2

「上週一百三十萬韓元，今天開始……」

先拋出較高的數字，然後收線——定錨效應

市場上有兩個菜販，一個標價為正常市價一萬元，而另一個的標價則高於市價，為一萬兩千元。但後者在價格旁邊打了個「叉」，另外標註了一萬元。誰的生意會更好？無疑是後者。

常逛超市或百貨公司折扣區的人都知道，消費者更喜歡購買原價被「打叉」，旁邊寫上打折價的商品。顧客會邊買自己不需要的商品，邊說：

「今天真是賺到了！」

「太幸運了，居然便宜入手。」

故意寫出高價卻以低價出售，讓顧客誤以為自己做了划算的交易，是一種常見的行銷策略。儘管商品實際上並沒有打折，這種策略仍能讓人產生獲得優惠的錯覺。

因為這種行銷策略使用得太頻繁，如今大多數的人都意識到這種假打折只是一種行銷手段。即使如此，它仍然非常有效。為什麼呢？

這是因為定錨效應（Anchoring effect）。心理學家暨行為經濟學家丹尼爾．卡尼曼與阿莫斯．特維斯基提出了這一概念。錨定（anchoring）是指船為了停泊而下錨（anchor）的意思，一旦下了錨，船就只能在錨與綁住船身的繩索範圍內活動。這個概念引申到心理學中，意味著第一次提出的數字或事物成為了一種標準，會影響到後續判斷。又稱為錨定效應或停泊效應。

丹尼爾．卡尼曼與阿莫斯．特維斯基進行了一項有趣的實驗。他們讓受試者轉動一個寫有數字一到一百的輪盤前，然後問道：

「請猜一下，這個輪盤轉出的數字會大於或小於非洲國家在聯合國會員國的數量。」

受試者將輪盤轉出的數字視為一個參考標準，預測了答案。例如，轉出的數字為二十，受訪者會回答「介於十與三十之間」；轉出的數字為五十，受訪者則回答「介於四十到六十之間」。這顯示出隨機轉出的數字嚴重影響了受試者的判斷。

行動經濟學家奚愷元（Chirstopher K. Hess）在著作《別當正常的傻瓜》中也證明了這一點。他要求受試者在白紙上寫下自己的手機號碼後三碼，並提出另一個要求：

「請猜一猜羅馬滅亡的時期。」

所有受試者給出的數字都與自己的手機後三位數字相似，足見最初接觸到的數字成為了參考標準，左右了他們的判斷。

由此看來，錨定效應在銷售產品或進行財務談判中能發揮重要作用。

假如在百貨公司要賣價值一百萬韓元[11]的最新型電視，卻直接標注正常價格就太天真了。請寫下比正常價格高的一百三十萬韓元[12]，打叉，在旁邊寫下一百萬韓元，再對顧客說：

「客人，這款商品上週還賣一百三十萬韓元，今天開始進入折扣期，只要一百萬韓元，比之前便宜了三十萬韓元，錯過的話會後悔莫及。」

假設你是一名廣告公司職員，正在和廣告商談判廣告合約價碼時，原先的廣告製作費預算為五千萬韓元，那麼你在談判時可以這麼說：

「我們原本的廣告總製作費預算是八千萬韓元，但考慮到最近經濟不景氣，公司處境並不樂觀，我們會精打細算，將費用嚴格控制在五千萬韓元內。」

定錨效應在行銷或日常生活中都非常有效。令人驚訝的是，即使對方心存疑慮，它同樣能奏效。明智並適當地運用定錨效應，你就能輕而易舉地打開對方的皮夾。

3 「這副穿搭外加這副墨鏡真的非常好看！」
讓消費者買不停的魔法咒語——狄德羅效應

A商店老闆：「家具價格不便宜，要一次買很多樣不容易，客人上門都只買一樣商品，導致我們的業績原地踏步。」

B商店老闆：「我們店裡有很多漂亮的衣服，不知道為什麼客人只對某幾件人氣商品情有獨鍾，我要怎麼樣把滯銷商品和人氣商品一起賣出去？」

這是許多商家常有的煩惱。A家具店老闆的主打商品賣得很好，營業

11. 約臺幣兩萬四千元。
12. 約臺幣三萬一千元。

額卻原地踏步；B服飾店老闆的店裡僅有少數款式受到顧客青睞，導致營業額成長疲軟。倘若這種局面持續下去，再出現其他競爭對手，營業額勢必下滑。

遇到這種情況，商家應該如何應對？要如何有效推銷顧客其他商品，增加營業額呢？解決方案之一是，向已經購買特定商品的顧客推銷與其搭配的商品。因為顧客在選擇了一件商品後，有可能對能與之搭配的商品產生興趣，而不會想買風格不協調或無法一起使用的商品。

這種消費心理可以透過「狄德羅效應」（Diderot effct）來解釋。所謂狄德羅效應這一概念，是由人類學家格蘭特大衛・麥克拉肯（Grant David McCracken）在《文化與消費》（Culture and Consumption）一書中首次提出，並以十八世紀哲學家德尼・狄德羅（Denis Diderot）的名字命名。它是指消費者在購買了某件商品後，往往會持續購入與之風格相似的商品的心理。

在狄德羅的散文〈遺憾地扔掉了我的舊睡袍〉（Regrets on parting with my Old Dressing Gown）中，他描述了一個關於他的衣物的軼事。有一天，狄德羅收到了一件朋友贈送的紅色家居服，他隨即決定淘汰他的舊睡袍。然而，他很快地發現這件新家居服和他的書房桌子風格格格不入，於是換掉了桌子。而新桌子送來之後，他又發現它與書櫃、壁掛裝飾和時鐘都不搭調，最後不得不更換了書房裡的一切。

這個故事揭示了一項物品如何刺激了後續的連鎖消費。人類學家格蘭特大衛．麥克拉肯受到這個故事的啟發，提出了「狄德羅效應」這一概念。他表示：

「狄德羅為了讓家居風格保持統一而進行了一連串的消費。在購買汽車、家具、服飾等方面，這種情況屢見不鮮。」

值得注意的是，在連鎖消費的過程中，人們優先考慮的不是商品的功能性，而是商品的情感與文化的一致性。例如，某人買了一款新款自行車，考慮到風格的匹配，可能會額外購買自行車服、鞋子與墨鏡等，而不是自行車的維修工具或舒適的坐墊。

如果你是家具店老闆，而某位顧客剛購買了一個白色衣櫃，你可以巧妙地運用狄德羅效應。

「您要不要順便看一下梳妝臺？這款白色梳妝臺和剛才您購買的白色衣櫃風格相符，把手部分也是同一系列的。把它們放在一起會顯得很協調，就像是原本就是一套的。」

這時候，顧客會開始想像家裡的老櫻桃色梳妝臺和白色衣櫃，稍微想一下就覺得舊梳妝臺與新衣櫃不搭調，不知不覺間，顧客想像著白色的新衣櫃與白色的新梳妝臺並列的畫面，打開了錢包。

假若你是前面提到的服飾店老闆，你該怎麼說呢？例如，假設你店裡的暢銷商品是牛仔褲，那麼就把和牛仔褲搭配得宜的T恤、圍巾或內搭套在假人模特兒上。客人上門購買牛仔褲時，你可以把客人引到假人模特兒前說：

「這些都是與您看中的牛仔褲完美搭配的單品，我們已經先搭配好了。一次帶就可以省去搭配的麻煩。」

因為這如同魔法的一句話，能讓客人從買下一條牛仔褲，變成順道帶走T恤、圍巾或斜背小包包。

「把這兩款商品搭在一起真的很好看。」

這種帶著笑容給出的建議，會讓客戶欣然買下商品。要是你是行銷或銷售人員，希望你務必善加利用狄德羅效應。

4

「你看到 Instagram 了嗎？聽說是大家大排長龍秒殺的商品？」

別人做什麼，我也想跟著做——從眾效應

蜂蜜洋芋片、The North Face長羽絨服……

這些商品讓你想到什麼呢？從消費者角度看，它們的共通點是什麼？沒錯，它們都曾是市場上的熱賣商品。蜂蜜洋芋片曾因爆紅而一度缺貨；The North Face則在學生群體中廣受歡迎，甚至被稱為「壓斷脊椎的商品」[13]。

那麼，人們對這些特定產品的欲望從何而來呢？只是因為它們不可抗拒的美味？還是因為卓越的品質？

事情沒那麼單純。以蜂蜜洋芋片為例，人們買它並非單純因為它美味，更多是因為「人人都在搶購」。購買The North Face的長羽絨服的動機也類似。

「到底有多好吃，大家搶購成這樣，我也想吃看看。」

「大家都穿它，應該有它的獨特之處吧？」

「我所有的朋友都有一件，我是唯一沒有的，感覺自己像個邊緣人。」

多數消費者的衝動購物的原因不外乎：商品很受歡迎、不追逐潮流就會顯得過時。

「流行」是驅使人們樂意掏出錢包的關鍵因素之一，它就像一股強大的龍捲風，消費者一旦被捲入其中就很難逃脫。因此，想讓顧客心甘情願地

13. 網路流行語，指商品過於昂貴，以致於購買者（例：父母）或乞求購買者的人（例：子女）承受的壓力之大，到了脊椎被壓斷的程度。

掏錢，就需在行銷中凸顯商品的「流行性」。

這種現象可以透過「從眾效應」（Bandwagon effect）來解釋。從眾效應，又稱為「樂隊花車效應」，是指人們跟隨潮流消費的行為。美國經濟學家哈維・萊賓斯坦（Harvey Leibenstein）首度從學術角度提出了這一效應。他在消費者需求理論相關論文中指出：

> 「從眾效應是指個體對特定商品的需求會受到他人需求的影響。」

至於樂隊花車效應的由來，則可追溯到一八四八年，專業馬戲團小丑丹・賴斯參加的一次競選宣傳活動。當時，賴斯透過演奏樂器吸引人群，從而幫助了他助選的候選人勝選。競選活動最前方的車輛被稱為樂隊花車（Bandwagon）。後來，這種做法被許多政客仿效，也使得「樂團花車效應」一詞廣為人知。

從眾效應在選舉中展現出其強大的影響力。游離選民聽見宣傳車宣布某候選人的民調領先，通常會自然而然地產生如下反應：

「這名候選人是大勢所趨。這麼多人支持他，肯定有原因。我也應該順應潮流投給他。」

同樣的情況也發生在職業棒球球迷身上。假設某位棒球迷想支持某支棒球隊，但他的老家沒有本地棒球隊，這時候，從眾效應也會發揮作用。他很可能會支持當前排名第一的棒球隊，為之加油助威。

另一個例子是銷售淨水器。銷售員單純強調自家產品的品質有多好，價格多合理，能發揮的說服力有限。這時，銷售員需要秘密武器：

「客人，您知道附近的E大樓嗎？那裡的每戶人家都訂購了我們的淨水器，這個型號非常受歡迎，可能很快就斷貨了。趁現在有庫存，趕緊入手吧。」

如果你經營餐廳，正考慮如何打廣告，那麼利用從眾效應能達到意想不到的宣傳效果。例如，假設你的餐廳位於小巷內，你可以安排一些人從餐廳門口排到大街上，吸引路人的注意。這樣，你就無需再費心招攬客戶。因為長長的隊伍本身就會發揮強大的從眾效應。

不管是補教名師、熱門商品或是高收視率的電視節目……哪怕人們不想被捲入其中或感到厭煩，但他們終究會感到好奇，產生興趣。與其一味避免受到從眾效應所影響，不如在合適的情境積極運用它，如何呢？

5

「你這次依然很幸運，選到好東西了。」

幸運的人隨時都很幸運？──熱手謬誤

假設有個人買樂透並中了一千多萬韓元（約二十多萬元台幣），那份興奮感可能會驅使他加碼，購買更多的樂透。假如這個人又中了一千多萬韓元，通常會有什麼反應呢？

「哇靠，我今天手氣旺到不行。照這種運氣，我可能會中更大的獎。」──然後，他會沉醉於自己的好運中，樂透買不停。你不這麼想嗎？你覺得這種情況只會發生在少數人身上？事實並非如此。每個人在運動賽事或賭博中，一旦中獎一次，往往會相信好運將接踵而至。

因此，假如你向某人強調他非常幸運，他就會獲得繼續嘗試的動力，不停地重複同樣的行為。舉例來說，假設有個人足球踢得不好，次次射門都落空，但某天他在社區足球賽中意外嘗到了進球的滋味，並且這時候身邊的人說：

「看來你今天運氣很好。」

這個人會深信不疑，並在比賽中比平常更積極射門。這可以透過熱手謬誤（Hot Hand Phenomenon）來解釋。它指個體相信過去的成功將會帶來下次的成功的認知偏誤。

在一九八五年，心理學家暨行為學家阿莫斯·特維斯基與心理學家湯瑪斯·吉洛維奇在認知心理學學會發表了一篇題為〈籃球比賽的熱手〉（The Hot Hand in Basketball）的論文，首次提出了此一概念。簡單來說，熱手效應意指當某位籃球選手連續兩、三次投籃得分，觀眾會相信他下次投籃也會成功的現象。特維斯基與吉洛維奇對觀賽球迷進行了實驗，對他們提出三個問題：

1. 你認為剛才罰球成功的球員這次的罰球成功率是多少？
2. 你預計剛才罰球失敗的球員這次的罰球成功率是多少？
3. 你認為應該多傳球給哪位球員？

實驗結果顯示，球迷預想剛才罰球成功的球員這次的罰球成功率為61%；剛才罰球失敗的球員這次的罰球成功率預想為42%；應該多傳球給連續投籃成功的球員。

可是，實際情況並不符合球迷的想法。學者克勒（Koehler, J.J）與康利（Conley C. A.）對NBA球員的研究發現，過去的成功並不一定預示未來的成功，意即即使過去成功了，下一次的成功率與失敗率依然是五十對五十。可是，人們會誤以為成功一兩次的人更加幸運。這種認知偏誤不僅影響了觀眾，也會影響球員。成功罰進了三、四顆球的球員會認為自己很幸運，在之後的比賽中更加積極地罰球，尋求得分機會。

在我家附近的市場，有位菜攤老闆聰明地利用了熱手謬誤，促進營業額。他將品質相似的蔬菜陳列在攤位上，供顧客自行挑選。這種挑選過程讓很多主婦感到愉悅，大受歡迎。當顧客挑選一種蔬菜後，老闆會說：

「今天你很幸運，挑到最新鮮、最大的。」

認為自己很幸運的顧客會繼續選購其他蔬菜，最終買的量會超出最初的預期，有時甚至會買下原本沒打算購買的菜。菜攤老闆就是這樣巧妙地打開了顧客的錢包。

「客人，你這次很幸運，買到最棒的商品。」

倘若你的工作必須與客戶打交道，不妨嘗試使用熱手謬誤說出類似的話。當客戶深信自己買到物超所值的商品時，他們絕對會被激勵，更加樂意消費。

6 「一開始真的很煩躁，現在卻成為了忠實顧客。」

讓抱怨的客戶變成常客的方法——約翰・古德曼法則

「袖子有點長，希望能縮短。」

「我急著穿這件衣服，麻煩您加快速度。」

在我的經驗中，有一家服飾店總是能全神貫注地傾聽與滿足我的需求。可是，這家店一開始並非如此。

為了添購套裝，我曾有過幾家固定光顧的服飾店，一開始我會選擇它們，是因為它們服務周到、衣服品質出眾，或是許多名人的首選，有其不凡之處。但某次，我偶然踏入了一家新開的服飾店，卻在第一次購買的衣服上發現了瑕疵。雖然只是一件小事，但初次體驗就出了問題，心情難免受到影響，我隱隱約約感到自己不會再光顧。不過，我又是如何成了那家店的常客呢？

名人們時常光顧的服裝店，一切都盡善盡美，無懈可擊。可是，我和那些地方的老闆或員工很少有交流，慢慢地疏遠，不再光顧。相反，新開的服飾店有一些小缺點，但我可以很自在地提出對衣服的回饋，而且他們也會細心地滿足我的需求。

「釦子扣上時有點緊繃。」

「後天能趕出來嗎？」

當我提出需求，店主總是能迅速過來，傾聽我的需求，並立即找到解決方案。

經歷了三次類似的事後，我不知不覺地成為了那家店的常客。

不少客人像我一樣一開始對那家店不甚滿意，最終也成了忠實顧客。這背後隱含著何種心理現象呢？這與約翰．古德曼法則（John Goodman's law）相關。約翰．古德曼法則指出當顧客的不滿被有效解決後，他們很有可能重複購買同品牌產品。

行銷研究機構TARP老闆在對二十個國家的產業現狀進行調查後，發現了一個不尋常的現象。

「完美的產品與服務，與顧客的回購率及回訪率不成正比。為什麼會這樣？」

這種現象顛覆了人們的普遍看法，為深入了解原因，他進一步調查得出了以下結論：

「顧客在購買的商品沒有問題的情況下，再次光顧同一家店的機率僅10%。然而，若他們的客訴得到了妥善處理，重訪率則會飆升至65%。這種情況在高價商品會更明顯。沒有遇到問題的顧客回訪率為9%，而那些提出對產品不滿並得到滿意解決的顧客，其回訪率高達70%。」

這是多麼驚人的結果！吸引顧客的最佳方法並非提供完美無瑕的產品和服務，而是即使商店本身不盡完美，也能竭盡全力傾聽顧客的抱怨，解決其不滿，使其得到滿足。

有一家隱身於小巷之間，由老宅翻新而成的拌飯店，時常出現在電視節目中，無時無刻都是門庭若市。拌飯店老闆是一名頭髮花白的六十多歲老人。我多次造訪那家店，仍對其人氣感到好奇：

「這家店的味道很普通，到處都能吃得到，為什麼能吸引這麼多人慕名而來？」

店裡氣氛很家庭化，空調時有時無，上菜時間也不規律。我好奇詢問老闆有何成功秘訣？他說因為常客很多。我又問他是怎麼讓顧客回流的？他答道：

「我開過很多家餐廳，都失敗了。無論是料理的味道、宣傳行銷或是店面選址都是上乘之選，但生意依然不見起色。在經歷數次失敗後，我在這裡開了這家拌飯店，終於爆紅了。我認為我能留住老顧客的秘訣，即使我做不到十全十美，但我願意傾我所能，傾聽每位顧客的心聲；盡我所能，讓他們感到滿意。」

這表明一家店的成功不在於顧客毫無怨言，而在於有些顧客感到不滿。不管是讚美或批評，關鍵在於真誠聆聽每一位顧客的聲音，致力改善。

每個人都希望去老闆或職員虛心接受回饋的店吧？假如你賣的商品品質出眾卻未能反映在銷售額上，不妨反思一下：你是否傾聽了顧客的心聲？你是否聽取顧客的不滿與需求並努力解決？

7

「非現在不可。」

「即將截止」所帶來的強烈消費欲望──心理抗拒

「最後機會，僅限前二十名。」

「限量發售。」

「即將售罄。」

在百貨公司與電視購物，我們常聽見這一類的促銷台詞。當你聽見這些字眼，你是否心跳加速，心想「僅限前二十名的話，一下子就賣光了吧？」、「限量發售耶，我要搶在賣光之前買下來」，感受到必須立刻入手的壓迫感？這種現象不僅僅發生在購物狂或有過度消費傾向的人身上。

為什麼日常隨處可見的商品突然被冠上「最後機會」、「折扣只有今天」等字眼時，我們就會無法抗拒購買衝動呢？這是由於所謂的「心理抗拒」（Psychological reactance）現象。心理抗拒是指人們感覺到自己的選擇自由受到限制或威脅時，會產生一種強烈的抗拒心理，試圖透過某些行為維護自由。這一概念最早由美國社會心理學家莎倫・布雷姆（Saharon S. Brehm）與傑克・布雷姆（Jack Brehm）於一九八一年於《心理抗拒》（Psychological Reactance）一書中提出。這也用以解釋人們對物品的選擇自由。

當商家巧妙地在平時常見的物品冠上「最後機會」、「限量發售」或「即將售罄」等字句，人們會感到選擇自由受到威脅，油然而生的抵抗心理會驅使他們購買該商品。

心理抗拒與《影響力》一書中的稀缺法則（The law of scarcity）有著相似之處。當一件物品或資源豐富的時候，我們往往視為平常，但一旦它變得稀有時，我們會覺得其價值上升。在同一本書中，介紹過佛羅里達州立大學的一項實驗。

研究團隊對學生進行了學生餐廳食物的相關調查。最初，多數學生回答：

「食物很難吃。」

「量太少了。」

然而，短短九天後再次進行相同的調查，學生們的答案出現意想不到的轉變。

「還不錯吃。」

「以這個價格來說，算很實惠了。」

是什麼造成了這種變化？在這九天內，學生餐廳的菜色味道和分量未曾改變，影響學生評價的原因只有一個。那就是在進行第二次問卷調查時，研究團隊告知學生，由於一場火災的緣故，他們接下來兩週將無法到學生餐廳用餐。原本隨時都能享用的食物，忽然吃不到了，學生們對此產生了心理抗拒，提高了對食物的評價。

像這樣，限制條件往往會刺激顧客的購買欲。請你向顧客說出限制時間、數量、地點等字眼，動搖他們吧。假如你是百貨公司專櫃員工，請對顧客說：

「客人，今天是折扣活動的最後一天。這是個不容錯過的絕佳機會。」

假如你是進行促銷活動的員工，這麼說會很有效。

「僅前三十名能享有折扣！」

「從現在起到三點為止，限時一小時內享有優惠價！」

假如你是賣高級手工鞋店的老闆，就這麼說吧。

「這雙手工鞋全球獨一無二，我保證您在其他地方絕對買不到。」

每個人內心深處都有擁有高人氣商品與限量商品的渴望。不管你賣什麼，你都要巧妙地運用心理抗拒，刺激顧客的消費熱情。若能如此，購買率沒有不暴增的道理。

第六章

提升成果的
心理對話技巧

1

「什麼時候練習過了？有進步呢。」

開始就是成功的一半——人為推進效應

在我教授學生面試技巧的時候，我發現有些學生難以改善長期存在的問題，如駝背或結巴。

「我們現在一個個來修正吧。」

「進行面試特訓。」

即便我這麼說，一夜之間要根除長期的習慣並不容易，學生仍然改不掉不良姿勢或說話習慣。

我使盡千方百計，終於找出最有效的回饋方式。我讓他們先進行一些簡單的面試練習後，再對他們說：

「你和之前不一樣了，有改變了，只要再努力一點，你一定能更上一層樓。」

「有所改變」這樣的話語會賦予學生動機，使他們更加努力。

這就是「人為推進效應」（Endowed progress effect）。它是指當人們感覺自己正在接近特定目標時，會更積極地完成的心理現象。這一概念最初由消費者學家鈕恩斯（Joseph C. Nunes）與德雷茲（Xavier Drèze）在一項關於洗車場的實驗提出。他們將顧客分為兩組，每組都發放了優惠券，只要集滿八個章就能免費洗車，不過兩組的優惠券設計有所不同：

A組的優惠券：十個空格中已經蓋了兩個章。

B組的優惠券：有八個空格。

兩組實際上都需要集滿八個章，但結果出現了顯著差異。A組完成集章的比例高於B組82%。這一實驗揭示了，相較於從零開始，當人們在認為任務已經有一定程度的進展時，會更有動力完成目標。

該如何有效地利用人為推進效應呢？例如，咖啡廳或超市等商店在發放優惠券時，先蓋上兩個章會比發放空白優惠券更能提高優惠券回收率，更有效。

同樣地，在舉辦活動或推進項目的時候，善用人為推進效應也能取得更佳成效。比如，若你是某所大學的系代表，你認為即將到來的學校大型活動，學生參與度低落時，想鼓勵學生積極參與，你可以說：

「已經有多名學生表示了參加的意願，我希望大家更踴躍參與。」

另外，若你是組長或團隊領導者，你要和組員們一起推進重大項目，不要從白紙狀態開始，而是先確定大框架，向組員們展示一定進度的內容，並說：

「我們現在進展順利，我相信接下來各位能做得更好。」

若你是外語補習班教師，你也可以利用這一效應，先讓學生完成簡單的任務，然後說：

「你這麼快就記住平假名了？了不起。再努力一下，很快就比我強了。」

「開始就是成功的一半」這句話非憑空出現的，請你透過強調「已經有所變化」的話語與鼓勵，實現人為推進效應吧。

2

「組長的語氣能使我們跳舞」

鼓舞士氣的話，使士氣消沉的話——穆拉文實驗

「您剛才說的意思是……」

「不好意思，您的意思是要在企畫案中放入競爭企業的資料嗎？」

「組長，能更詳細說明嗎？」

當上司的業務指示不夠清楚時，下屬有時希望能獲得更具體的說明。

然而，急驚風的上司會期望下屬一次聽懂，立即執行，於是對反問或拖拖拉拉的下屬會感到鬱悶，甚至會不耐煩地說：

「一聽就要懂才對，怎麼這麼遲鈍？」

「同樣的話是要問幾次？」

「還沒做好？那件事昨天就應該要完成，動作慢吞吞的。」

可是，這樣的溝通方式和回饋會對工作有幫助嗎？能夠激勵下屬自動自發地工作嗎？顯然不會。

心理學家馬克・穆拉文（Mark Muraven）透過實驗發現，人們的意志力不是恆定不變的，而是會隨著使用逐漸耗竭。這又稱為穆拉文實驗（Mark Muraven's experiment）。實驗內容簡述如下：

假設有個孩子聽從父母的話，抵擋住棉花糖的美味誘惑，人們通常會認為這個孩子在其他情境下，如讀書或排隊時，也能展現出同樣強大的自制力。但實際上並非如此。因為意志力就像能量一樣，一旦使用就會逐漸耗盡。當時正在大學攻讀心理學博士的馬克・穆拉文對意志力的本質感到好奇。

「為什麼有時下班後能堅持跑步運動，而有時卻被電視誘惑而放棄呢？如果一個人本來就擁有跑步的意志力，那麼下班後的跑步意志力不應該是一致的嗎？」

為了尋找答案，他隨機招募了六十七名大學生進行實驗。他給了每位學生餅乾、巧克力和櫻桃蘿蔔，謊稱這是一項味覺測試，要求他們五分鐘內不吃這些食物。

在實驗過程中，他對一半的學生願意參與實驗表達謝意：

「如果你們有更有效的味覺測試方法，請告訴我。」

而面對另一半的學生，他則使用了權威的語氣：

「五分鐘內，你們絕對不能吃剛才發的東西。」

五分鐘後，他指派學生們一項在電腦上完成的任務，藉以測試他們的意志力。結果發現，那些被親切對待的學生平均只用了十二分鐘就完成了任務，而那些被威逼的學生的執行率較差，他們意志力被耗費在抵抗食慾與接受強制性指示上。

為了進一步探索意志力的本質，穆拉文又進行了兩百多項研究後，得出如下結論：

「意志力並非一項單純的技能，更像是手臂或腿部肌肉，過度使用時，人們會感到疲憊。因此，當人們在某件事上耗費了大量的意志力後，就難以在另一件事上發揮同等的意志力。」

你認為這實驗有何意義呢？在職場上，使用強迫或威脅的方式不會提高員工的效率。想要提高效率，關鍵在於增強員工的意志力。當上司用強制的語氣指示下屬時，會使下屬在開始工作之前先耗盡了意志力，是種不明智的行為。

你希望下屬能在工作上展現強大的意志力嗎？那麼，你應該避免採取高壓的態度和停止嘮叨。

「我有事情要指示，我會按順序說明，記好筆記，有不懂的地方就發問。」

「我也想聽一下朴代理的意見……我相信通過集思廣益，我們一定能找出更合理的方法。」

記住，敞開心扉，用善意進行交流，才能真正地激發下屬的熱情與意志。

3

「爸、媽、組長、朋友們，今年我一定會……」

把目標告訴別人會更容易達成——宣告效應

「我的目標是今年減重十二公斤，每個月要減一公斤。」

「今年我要完成去年中斷的基礎繪畫課。」

「玩遊戲老是遲到，對吧？我要減少玩遊戲的時間，提早十分鐘出門上班。」

新年伊始，大家都會設定新目標並努力實現，我也不例外。但由於我忙於全國各地的講座，想睡都沒時間了，那股決心總在不知不覺中煙消雲散，所有的計畫都變成了三分鐘熱度。就像四年前，我考慮到健康，興致勃勃地買了六個月的健身房會員券，後來卻拿忙碌當藉口，一個月都沒去。

前年年初，我懷抱宏遠的出書夢想，而且我想出的不只是一本普通的書，而是一本暢銷書。然而，事與願違，每當我拖著疲憊的身體坐到桌前，周公就約我喝茶，使我的寫作夢想陷入三分鐘熱度收場的危機。我意識到自己需要採取特別措施，於是我開始藉助言語的力量。

「親愛的，我今年一定會出一本暢銷書。」

「各位老師，敬請期待，你們期盼的書，將在今年上半年面世。」

我不僅對自己給出了承諾，還大膽地向身邊的人公開宣布我的目標。就像奇蹟般，話一說出口，我不再懈怠，最終成功地出版了人生中的第一本書，並一舉成為暢銷書。

宣告效應（Profess effect）是指向他人告知自己的目標，從而增強實現目標的行動力。正是這種效應幫助我取得了成功。

一九九五年，美國心理學家多伊奇（Morton Deutsch）博士與杰拉德（Harold B. Gerard）博士進行了一項研究。他們將受試者分成A、B與C三組，分別給出指示。他們對A組說：

「不要告訴任何人你的目標。」

對B組說：

「在能立刻擦掉的板子上寫下你的目標。」

最後，對C組說：

「把你的目標寫在紙上，簽名後公開。」

結果顯示，A組與B組中分別有24.7%和16.3%的人未能堅持原定目標，進行修正，而C組僅有5.7%的人改變了目標。此外，研究結果還揭示，向越多人公開目標，會維持原定目標的機率。這與利用他人的期望和利益以提高工作效率，創出更好成果的比馬龍效應（Pygmalion effect）有著相似之處。

宣告效應不僅能用於他人，也能用於自己。透過強而有力的自我暗示，如不斷地告訴自己「我能做到」、「我一定會實現目標」、「我是意志堅定的人，一定能做到」，可以顯著地提高工作效率。

拳擊界的傳奇人物穆罕默德·阿里就是一個經典的事例，說起宣告效應絕對少不了阿里。眾所周知，阿里不僅進行了刻苦的訓練，但絕非沉默苦練，而是大膽表達自己的信心：

「我是最優秀的。」

「這世上沒人能與我匹敵。」

「我保證他會在第四局被ＫＯ。」

驚人的是，他所宣告的每句話最終都成為了現實。他本人曾透露，他之所以能取得勝利，靠的是他所說的話，而不是他的拳頭。

因此，如果你制定了一個新目標或打算進行一項艱難的挑戰，不要默默放在心裡，試著大膽地向周遭的人宣告。因為那些知道你的目標的人，將成為督促你的教練與鼓勵你的支持者，你要積極活用這股力量。

4 「自問自答」立即提高實踐能力的自我對話技巧——問題行為效應

「我家孩子是高三生，成績不佳，我很擔心，我該怎麼辦呢？」

「我上班遲到是家常便飯，我也不想這樣，但好像改不掉這個壞習慣。」

這些是來自家長與上班族的煩惱。前者試圖改變孩子的行為模式，產生新的行為，後者則試圖誘導自己產生新的行為。可是，要改變長期形成的行為模式並不容易。

我自己也有過相似的經驗。我曾經有過深夜看電視配宵夜的習慣，結果我的體重暴增到六十四公斤，我花了很多力氣才改掉吃宵夜的習慣。

「今年一定要減掉十公斤。」

「從今天起我不吃宵夜了，只能吃青菜。」

儘管我一遍遍下定決心，卻總是沒有付諸行動。但是，現在的我卻成功將體重維持在四十七公斤。當人們驚訝地問我怎麼瘦下來的，我會說：

「最重要的是將決心轉化成具體行動。下定決心非常簡單，但不是每個人都能付諸行動。想真正行動起來就需要行動力。提高行動力的方法之一就是『提問與回答』的對話技巧。例如，問自己『你真的想減肥嗎』，透過自問自答，可以有效提高行動力。」

這可以用「問題行為效應」（Question-behavior effect）來解釋。這是一種透過自問自答以促進行動力的心理現象。加利福尼亞州立大學、紐約州立大學、華盛頓州立大學與愛荷華州立大學的研究團隊共同分析了一百多項研究結果所確定的。他們隨機邀請了一批大學生，詢問他們問題，並調查他們的實踐能力。

「你在未來兩個月會運動嗎？」

學生紛紛點頭。

「當然會。」

研究團隊隨後追蹤這些大學生的行為，發現做運動的人從 14% 上升至 26%。研究團隊表示，這是由於大學生們在回答問題後產生了一種類似「承諾」的心理反應。更有趣的是，問題行為效應不僅會影響他人，對提問者也有顯著影響。加利福尼亞州立大學艾力克・斯潘根貝格（Eric Spangenberg）博士指出：

「提問是一種簡單卻極為有效的行為改變技巧。」

當你希望誘導自己或他人產生某特定行為時，不妨嘗試發問。透過自問自答促成的行為變化，其效果是單純下定決心——「我決定採取某特定行為」的兩倍以上。

如果你是家長，希望激勵家裡的高三生用功讀書，你可以試著這樣問，誘導孩子給出積極的答案。

「如果你想上〇〇大學，那麼專心讀書是必須的，對吧？」

如果你是不想遲到的上班族，試著自問：

「我八點四十分前能到達公司吧？當然了，我一定能做到。」

我們每個人都在嘗試改變生活，建立新的行為模式，但由於舊習慣的慣性，使得我們容易下定決心，卻難以付諸行動。該如何斬斷根深蒂固的習慣枷鎖呢？

試著應用問題行為效應吧。一場改變他人與你的人生的變化即將開始。

5

「我正看著」眼神比言語更有力量—霍桑效應

「請在今日內完成這個企畫案。」

「請一定要完成目標業績。」

「這是新規定，請嚴格管束職員們遵守。」

我時常在企業講課，常聽到高階主管或幹部發出的各種指示。太常聽了，導致我現在只要一聽到下指示的語氣和內容，就能輕易推測出說話者的職位和階級。儘管指示對於推動工作的進展、取得預期成果不可或缺，但我們有時會錯誤地認為指示是解決所有問題的萬能鑰匙。

一些主管誤以為下指示的頻率會左右工作成果。更有甚之，當主管對某項任務的期望越大，越容易傾向使用威迫或無禮的語氣。許多人相信施壓能帶來更好的成果。然而，這是嚴重的誤解。

我經常向高階主管或幹部提出建議：

「雖然指示在確立一個組織的階級秩序、推動業務進行必不可少，但它絕非解決所有問題的萬能鑰匙，尤其是帶有壓迫性的命令語氣會帶來反效果，如打擊員工士氣、使員工變得被動等。關心與關注會比單方向指示更能有效地提高工作效率。」

霍桑效應（Hawthorne effect）揭示了當人們意識到自己正被他人關注時，其行為表現或工作效率往往會有所提升。一九二四年到一九二七年，美國西部電氣公司與哈佛大學的喬治．梅奧（George Elton Mayo）教授及其研究團隊，共同進行一項「如何打造有效提高工作效率的工作環境」的相關研究，進而提出了霍桑效應。

研究團隊最初預期，調亮燈光能提振員工士氣與生產效率，果不其然，現場實驗的結果也符合了他們的假設。然而，當研究結束後，研究人員要求將工作環境恢復原狀時，卻發生了意想不到的事情。

「請將工廠的工作環境恢復成原本的模樣。」

工廠內部再次陷入黑暗。這顯然會使生產效率回落到實驗前的水準，為什麼要把燈光調回之前的亮度呢？然而，與你所擔憂的不同，生產效率不僅沒有下降，反而比之前還要高。究竟發生了什麼事？

研究人員為了探究背後原因，進行了員工訪談。

「我們知道有一位知名大學的教授在工廠裡進行研究，一想到有人在觀察我們，我們就比平常更加賣力工作。」

答案出乎研究人員的預料之外。問題的解決方案出現在超乎想像的地方。通過這項實驗與訪談，研究人員明白到，僅僅是對員工的「關注」就足以提高他們的工作效率。

霍桑效應展示了其在實際應用中的寶貴價值。領導者無需頻繁地下達指示，只需關注就能達到更佳的工作成效。例如，你是一家公司的總裁，與其不斷地催促職員早點完成任務，或許這樣說會更好：

「我欣賞你努力的模樣。我會拭目以待的。」

如果你是父母，知道孩子在課堂上分心做其他事時，不要用強迫的指示語氣，試著這麼說：

「媽媽一直都在關注著你讀書的模樣。」

無論觀察者是誰，觀察的目的是監視還是關心，被觀察者的行為都會受到深刻影響。每個人都應該在日常和工作中適當並有效地利用霍桑效應。

6

「我喊你的名字時，你將產出200%的成果。」

組織規模越大，工作績效越下降——林格曼效應

在分配大學生的分組作業時，我通常會讓他們自己決定分組方式。他們通常選擇三到四人一組，偶爾也會有六到七人一組的時候。看似組員越多，成果會越好。然而，事實真是如此嗎？人越多真的越有利嗎？

實際上並非如此。一般而言，由王牌球員組成的菁英球隊往往能取得好成績，而人數較多的球隊反而表現平平。這是因為團隊人數一多，個人容易缺乏幹勁，效率不彰或出現人多嘴雜，浪費時間的情況。這種現象不僅發生在大學生身上。

我對此深有體會，因此，在有企業邀請我演講時，我會組織一支菁英

小組，並告訴他們：

「我之所以組織這麼小的團隊，不是因為預算有限，而是我的經驗告訴我，由菁英組成的小型團隊能夠讓每個人都發揮出最大潛力。我希望大家都能把這次工作視為自己的事，全力以赴。」

造成這種現象的原因是林格曼效應（Ringelmann effect），這是一種人越多，每個人的平均貢獻度會越低的現象，通常與社會性懈怠有關。

法國農業工程師林格曼進行了一項拔河實驗，測量了參與者所使用的力量。結果顯示，一個人時，個體力量達到了100%；三個人時，個體力量發揮了85%；八個人時，個體力量僅發揮了64%。林格曼基於以上結果得出結論：

「當個體意識到自己屬於某個群體時，就不會充分發揮其潛能。這種現象在人數越多的群體中越為顯著。」

帕金森定律（Parkinson's law）進一步闡述了這一論點，指出工作量的增加與公務員人數的增加無關，即工作量與人數毫無關聯。這意味著，不是因為工作需求量增加而需要更多的公務員，而是因為有了更多人手，反而創造了更多的工作。

一般認為，組織成員越多，個人與組織的效率會越高。但現實並非如此。這是由於隨著人數的增加，成員允許被隱藏在人群中，從而傾向減少努力。而且，隨著成員人數的增加，判斷個人是否努力工作變得困難，因此，個人並未發揮最佳潛力的情況變得司空見慣。

人多的組織之所以減弱了團結力量，或是個人績效不高，也是出於同樣的原因。人數越多的組織，成員在上班時間越容易偷懶或閒聊。

「你的西裝真好看，哪個牌子的？我也要買。」

「昨天相親怎樣了？我太好奇了，快說一下。」

可是，隨著工作規模增加與目標難度的提升，組織擴員是必要的。當不可避免要擴員時，要如何確保每個成員都全力以赴呢？

答案很簡單，就是喊他們的名字。經常喊一個人的名字，能讓他意識到自己是擁有獨立的個體，激發他們將公司當成自己的意識。人越多，個體越容易被埋沒在組織中，引發「順風車」效應。因此，領導者直接稱呼每個人的名字，不僅強調領導者對個體的認可，還能促使成員意識到自己的獨特性，產生責任感，而不是把自己當成眾多成員之一。

組織領導者，如高層主管或組長等，都應當記住每個成員的名字。當你走向他，喊出他的名字時，該成員就會感到自己是獨立的個體，反思自己的職責，並發揮出與獨自工作時相等的力量。

稱呼某人的名字，意識到他的存在，不僅有助於重建人際關係，也能提高個體的自豪感與工作效率。

7

「我們公司沒有利己主義者，因為……」

能化解衝突，增強團結的一句話──羅伯斯山洞實驗

「我很煩惱。因為員工之間的競爭太激烈，工作績效受到影響。」

「團隊之間明爭暗鬥，加強了球隊的自私主義。」

「主將之間勾心鬥角，不夠團結。」

如果競爭能提升綜效的話，我們當然樂觀其成。然而，一旦競爭激烈到破壞團隊合作的程度，問題就變得嚴重。我們都期望每次的競爭能是良性的，人人各盡其職，然而，現實很多時候不從人願。尤其當每個成員都是能人，卻為爭業績而不擇手段，引發爭執，最終組織深受其害。

誰不希望在團體中嶄露頭角呢？幾乎沒有人會樂見同事取得比自己更好的成績或快速升遷。這是因為當別人的表現越出色時，自己就會顯得越寒酸。

在這種情況下，任憑聚集了多少優秀人才，要實現團結合作也猶如天方夜譚。這也是為什麼企業和體育界相關領域的人士，經常向我諮詢如何促進組織間的交流與團結。我的建議通常如下：

「不管是哪種團體，只要優秀的人才聚集在一起自然會產生良性或惡性的競爭。領導者的責任在於引導他們，設定共同的目標，確保他們的熱情與能量不被內部矛盾消耗殆盡。」

即使是性質不同的群體，一旦有了共同的目標就能有效減少矛盾。羅伯斯山洞實驗（Robbers Cave experiment）就是一個證明。

一九五四年，美國社會心理學家穆扎弗・謝里夫（Muzefer Şerif Başoğlu）在羅伯斯山洞附近舉行的夏令營中，聚集了二十四名十二歲的男孩，並將他們分成了兩組，分別命名為「響尾蛇」與「老鷹」。一週後，他命令兩組男孩進行遊戲。

「我們要進行各種比賽，有拔河、搭帳篷等。冠軍能得到獎品，希望大家都要努力。」

隨後，男孩們發生了爭執，甚至演變成肢體衝突。為解決問題，工作人員安排了一些活動，如一起用餐、看電影等，想解決矛盾，但都無濟於事。這時，謝里夫向工作人員下了新指示：

「找一些能讓他們合作的事。」

因此，工作人員設計了一些需要男孩們齊心協力的任務，包括修理營地水管、募資電影錄影帶租借費、拉出陷入泥坑的食材運輸卡車等。幾天後，男孩們之間的矛盾消失得無影無蹤，他們像一個團隊般和平相處，幾天前被分組的事彷彿不存在。羅伯斯山洞實驗證明了，讓不同的團隊朝共同目標努力，能解決矛盾並促成合作。

羅伯斯山洞實驗在職場上也同樣有效。假設你是一家廣告公司的老闆，公司部門內鬥風氣嚴重，領導者往往會這麼責備員工：

「你們太自私自利了，不知道公司要發展得好，建立在你們之間要和睦相處嗎？只知道爾虞我詐，讓人失望……」

然而，這種問題不能歸咎於個別員工。為什麼組織需要領導者？就是為了在這種時刻協調與調整。如果你希望公司的人像一家人一樣，不要急於發動三寸不爛之舌，勸說大家「我們公司是一個大家庭」。再好的獎勵與優質的環境都縫補不了關係的裂痕，設定一個共同目標，反而能提升員工的團結度。

「我們公司現在是風中殘燭，公司的危險就是所有人的危險，現在是大家朝著同一個目標邁進的時刻，讓我們和衷共濟，共度難關。」

假使你是足球隊教練，你要說什麼才能消除王牌球員之間的競爭呢？

可以這麼說：

「冬天不是賽季，我想麻煩兩位王牌選手共同管理我們足球隊球迷俱樂部的網站。最近，網站會員上線人數持續下滑，讓我很煩惱。我希望你們兩個能攜手合作，增加未來兩個月的上線人數。」

「共同目標」這種方法不僅適用於企業和組織，也適用於年紀相近的手足爭執。

「如果你們兩個一起完成這件事，我會考慮暑假安排一次出國旅遊作為獎勵。一個禮拜後，我會評估你們的合作情況。所以你們好好準備。」

不過，需要注意的是，不能一成不變地使用相同方法，否則效果會打折。另外，在評估共同目標達成後的結果時，避免愚蠢地使用「誰更努力？」、「這部分是誰做的」等評判個體成果的言詞。希望你能發揮敏銳的判斷力與適當的智慧，判斷什麼時候適合使用這一策略，以及什麼樣的共同目標能促進團結合作。

參考資料

內藤誼人《說服：在心理學中尋找答案》（설득：심리학에서 답을 구하다』）
尼古拉・賈于庸《消費心理好好玩》
李敏圭《被吸引的人有1%不同》（끌리는 사람은 1%가 다르다）
金憲植《鄉巴佬書僮飛黃騰達研究》（촌놈서동 출세기 연구）
李東貴《你懂這種心理法則嗎？》（너 이런 심리법칙 알아）
鄭成勳《撼動人的100種心理法則》（사람을 움직이는 100가지 심리법칙）
金民柱《看出市場趨勢的101條經濟法則》（시장의 흐름이 보이는 경제 법칙 101）
鄭宰學《達成交易的法則常識》（비즈니스를 위한 법칙 상식）
朱熙真《無聲勝利法》（소리 없이 승리하는 법）
李哲宇《從心理學聊戀愛》（심리학이 연애를 말하다）
姜賢植《一定要知道的心理學》（꼭 알고 싶은 심리학의 모든 것）
姜俊萬《感情專制》（감정 독재）

姜俊萬《我們為什麼這樣生活？》（우리는 왜 이렇게 사는 걸까?）

河智賢《精神醫學的誕生》（정신의학의 탄생）

吳型圭《炸醬麵經濟學》（자장면 경제학）

羅伯特・席爾迪尼《影響力》

羅伯特・席爾迪尼《鋪梗力》

李允朱《隱喻和催眠》（은유와 최면）

邁克爾・麥卡洛《超越復仇》

https://dbr.donga.com/article/view/1203/article—no/6266

https://www.koreanpsychology.or.kr/main/main.html

http://www.etoday.co.kr/news/section/newsview.php?idxno= 1515467

https://terms.naver.com/entry.naver?docId=3570479&cid=58780&categoryId=58780

https://www.psypost.org/2018/01/study-sapiosexuality-suggests-people-really-sexually-attracted-intelligence-50526

253

國家圖書館出版品預行編目資料

一開口就讓人微笑：瞬間改善人際關係的「好感交談法」／吳秀香 著；黃莞婷 譯--初版.--臺北市：平安文化, 2024.06
面；公分. --（平安叢書；第801種）（溝通句典；66）
譯自：웃으면서 할 말 다하는 사람들의 비밀

ISBN 978-626-7397-48-0(平裝)

177.1　　113007606

平安叢書第801種
溝通句典 66

一開口就讓人微笑

瞬間改善人際關係的「好感交談法」

웃으면서 할 말 다하는 사람들의 비밀

作　者—吳秀香
譯　者—黃莞婷
發 行 人—平　雲
出版發行—平安文化有限公司
台北市敦化北路120巷50號
電話◎02-27168888
郵撥帳號◎18420815號
皇冠出版社(香港)有限公司
香港銅鑼灣道 180號百樂商業中心
19字樓1903室
電話◎2529-1778　傳真◎2527-0904
總 編 輯—許婷婷
執行主編—平　靜
責任編輯—黃雅群
美術設計—嚴昱琳
封面・內頁插畫—Dinner Illustration
行銷企劃—鄭雅方
著作完成日期—2018年
初版一刷日期—2024年6月

法律顧問—王惠光律師

讀者服務傳真專線◎02-27150507
電腦編號◎342066
ISBN◎978-626-7397-48-0
Printed in Taiwan
本書定價◎新台幣320元/港幣107元